LA FOIRE D'ÉCHANTILLONS
DE LYON

M. ÉDOUARD HERRIOT
Maire de Lyon, sénateur du Rhône,
Président d'honneur de la Société de la Foire,
Président du Comité d'organisation.

L'EFFORT ÉCONOMIQUE DE LYON

Pendant la Guerre

La Foire d'Echantillons

PAR

C. GERMAIN DE MONTAUZAN

INGÉNIEUR CIVIL DES MINES
PROFESSEUR-ADJOINT A LA FACULTÉ DES LETTRES
DE L'UNIVERSITÉ

LYON
COMITÉ DE LA FOIRE DE LYON
HÔTEL DE VILLE

1918

INTRODUCTION

Ce petit traité de la Foire de Lyon se présente au public sous les auspices du Comité d'organisation de celle-ci. Cela suffit pour lui garantir un bon accueil : garantie d'ailleurs nécessaire, car il n'oserait se recommander par lui-même, n'apportant rien d'inédit. Tout ou presque tout ce que l'on va lire a déjà paru, sous différentes formes, souvent avec de bien plus grands développements, soit dans le Bulletin Officiel *de chaque mois, soit dans la presse qui donnait au jour le jour le compte rendu des progrès de l'entreprise, des travaux du Comité, de la préparation de chaque Foire, des adhésions, inaugurations, réceptions, banquets, congrès, conférences, discours, assemblées générales, bilans financiers et résultats économiques. Nous n'avons fait que réunir tous ces documents, les mettre en ordre, et donner à leur exposé successif l'unité des proportions et la suite logique.*

Nous avons choisi la plus simple, celle des temps. Prenant l'œuvre à sa naissance, ou plutôt à l'époque où elle n'était encore qu'un embryon de projet, nous l'avons considérée dans son éclosion, accompagnée dans ses premiers pas, suivie dans l'assurance progressive de sa marche, contemplée enfin dans son plein succès. Dessein et création, Foire de 1916, Foire de 1917 avec l'annonce de la suivante, tels sont les trois chapitres de l'ouvrage. C'est donc un récit, sans plus : sans considérations économiques savantes, sans statistiques détaillées et nombreuses, sans aucun des éléments qu'il aurait fallu pour en faire un véritable traité.

On y trouvera toutefois ce qu'il importe de savoir pour apprécier la hauteur du but, sa difficulté, et l'effort accompli pour l'atteindre. La Foire de Lyon est un bel exemple d'énergie mise au service de la France, le plus éclatant qu'ait fourni la Ville en ces dernières années. C'est loin d'être le seul. Aussi avons-nous adopté pour titre général « L'effort économique de Lyon pendant la guerre », *car le même en-tête pourra servir à d'autres études, à la suite de celle-ci. Témoin, comme tous nos concitoyens, de la détermination prise, dès le début des hostilités, par cette grande ville, de concourir à la défense nationale, non pas seulement par l'envoi de ses fils héroïques au front de bataille, mais par le don continu de ses forces intellectuelles, matérielles, économiques, nous avons pensé, simple particulier, qu'il était bon pour chacun de bien connaître la valeur de ce don, afin d'encourager ceux qui l'ont provoqué et l'entretiennent, et d'y contribuer soi-même de plus en plus, dans toute la mesure dont on est capable. On a dit et l'on redira tout ce qui s'est fait au nom de la Cité pour venir en aide à nos prisonniers en Allemagne, aux blessés, aux mutilés, aux réfugiés des départements envahis, aux orphelins de la guerre, etc. Il ne sera point superflu de savoir aussi quelque jour la peine prise pour assurer l'ali-*

mentation régulière d'une population qui s'accroissait sans cesse, pour conserver partout la vie normale, et garantir les pauvres gens de la misère excessive, en un temps si dur pour eux surtout.

Conserver, par les précautions économiques, le courage et la force parmi les siens quand la France a tant besoin de vigueur physique et morale soutenue, c'est une œuvre patriotique de premier ordre. Aucune ville ne s'en est acquittée avec plus de zèle que Lyon. Mais Lyon, en outre, a voulu prendre position en avant du pays pour engager une lutte économique avec l'ennemi, pour le défier en exhortant du même coup la nation au travail redoublé, à la production intensifiée, à l'échange commercial multiplié, à la conquête de l'influence économique dans tout l'univers. En créant sa Foire, en conviant toute sa population à s'y intéresser, à s'y adonner, la seconde ville de France a fortifié chez elle et autour d'elle l'union sacrée tant recommandée, si nécessaire, mais pour laquelle il ne suffit pas d'avoir les mêmes sentiments de répulsion à l'égard de la barbarie germanique. Ce n'est qu'en agissant, et en agissant en commun, pour un bien commun, que l'on oublie ce qui d'autre part divise, et que l'on apprend à se mieux connaître, à se mieux estimer mutuellement, à constituer ainsi le bloc vraiment solide contre l'ennemi. Lyon, par sa Foire, est inspirateur d'énergie et de concorde. Lyon mérite bien de la patrie.

Février 1918.

L'EFFORT ÉCONOMIQUE DE LYON

PENDANT LA GUERRE

LA FOIRE D'ÉCHANTILLONS

CHAPITRE PREMIER

DESSEIN ET CRÉATION

Une foire universelle : Lyon contre Leipzig. — L'institution d'une foire d'échantillons à Lyon peut être classée à bon droit parmi les *Œuvres de guerre* créées par l'initiative dévouée et courageuse de notre première magistrature municipale. Œuvre de guerre, elle l'est à un double point de vue. Elle a d'abord eu pour but de ranimer dans le pays, dès le temps de guerre, l'activité commerciale, de faciliter une reprise générale des affaires dont bénéficierait en première ligne la ville de Lyon ; ensuite, et surtout, de compléter la victoire promise à nos armes par une victoire économique prolongée, en engageant sans tarder une lutte acharnée contre l'Allemagne sur ce terrain du travail et du commerce, où, depuis des années, elle nous refoulait pas à pas, et aurait vite fait, même après la défaite attendue de ses armées, de reconquérir sa situation prépondérante, si nous ne savions nous-mêmes, là aussi, prendre le dessus.

Un des procédés les plus efficaces de notre ennemie pour activer sa production industrielle, pour lui assurer un écoulement progressif et régulier, pour attirer et concentrer le mouvement mondial des affaires en pays germanique, c'était la grande foire tenue annuellement à Leipzig : institution destinée à réunir tous ensemble dans une courte période les grands producteurs, non seulement de la nation allemande, mais de l'univers entier, et à leur permettre d'effectuer leurs opérations d'achat et de vente sur exposition, non point des marchandises mêmes, mais de simples échantillons. C'était le meilleur moyen pour créer et entretenir les relations entre contractants, et pour favoriser le trafic des articles de toute espèce par une connaissance directe de ceux-ci, qui, limités à leurs spécimens, n'encombraient point inutilement le marché, et pouvaient dès lors se diversifier presque à l'infini. Ce programme, fidèlement observé, a été jusqu'ici pour l'Allemagne une source étonnamment féconde de bénéfices et de prospérité.

Pourquoi la France ne suivrait-elle pas cet exemple ? s'est-on dit ; — car il ne faut point rougir de prendre des leçons même de ses ennemis. — Pourquoi ne ferait-elle pas élection d'un emplacement comparable à celui de Leipzig pour sa situation au milieu de grandes régions industrielles, pour sa facilité de communiquer par des voies nombreuses avec le reste du pays et les pays voisins, pour sa réputation ancienne, sans cesse entretenue et développée, d'important et multiple marché ? Pourquoi, dans le centre ainsi choisi n'installerait-on pas une grande foire d'échantillons, appelée à concurrencer celle de Leipzig, et à en détourner à son profit le courant commercial du monde ? Paris s'offrirait sans doute volontiers à ce rôle, mais Paris centralise déjà tant d'activités nationales ! Telle grande cité de province, industrielle et commerçante, ne pourrait-elle assumer l'entreprise, et, en s'y adonnant avec une vigueur que n'entraverait point la besogne déjà énorme d'assurer les grands services du pays, la mener d'abord au fonctionnement dans le moindre délai possible, puis au succès, peut-être au triomphe ?

En vérité nulle ville n'y était mieux prédestinée que Lyon. Depuis des siècles, Lyon a soutenu sans se démentir la réputation gagnée dès ses débuts, en son temps glorieux de capitale des Gaules : réputation de cité laborieuse, appliquée avec persévérance aux œuvres de la paix et du bien-être, sachant inventer et produire sans vaine forfanterie tout ce qui se fait à la fois de plus beau et de plus solide, contribuant en cela plus que toute autre ville à maintenir dans le monde aux produits français leur renom de marchandises de bon aloi, de vrai luxe et de goût délicat. Mais depuis quelques années surtout, Lyon développe un tel esprit d'initiative, de création, d'expansion dans tous les ordres de l'idée et de l'action, Lyon tente avec fruit tant d'essais dans les nouveaux domaines industriels ; tout récemment, dans l'organisation, hâtive sans être précipitée, de l'Exposition de 1914, qu'interrompit si malheureusement en plein succès, la déclaration de guerre, Lyon a déployé une activité si ordonnée, obtenu avec tant d'habileté les concours les plus divers et les plus effectifs partis de tous les points du globe, montré si peu de trouble et de découragement quand tout ce travail fut brusquement devenu vain, que nulle ambition d'œuvre si vaste qu'elle soit, ne saurait, pour une telle ville, être qualifiée de présomptueuse.

Naissance et adoption du projet. — Au surplus cette idée même d'une foire annuelle d'échantillons à fonder en France émana de Lyon, et de Lyon seul. A peine communiquée au comité lyonnais de la *Ligue de défense des intérêts français* par un de nos concitoyens, — car nous pouvons bien appeler ainsi M. Arlaud, qui de Genève, sa ville natale, est venu, voici des années déjà, installer à Lyon son remarquable atelier de photographie artistique — cette idée provoqua aussitôt l'adhésion unanime du Comité. C'est que celui-ci était en vérité prédisposé à l'accueillir, ayant depuis le début

La Saône et la colline de Fourvière.
(Cl. J. Sylvestre.)

de la guerre, avec une extrême sollicitude, envisagé les conditions nouvelles que la guerre allait créer pour le commerce et l'industrie de notre pays, pendant le conflit et au delà, et songé aux moyens non seulement de les sauvegarder, mais de leur inculquer une plus grande vigueur. C'est le 22 août 1914 que M. Arlaud y fit part de son idée. Peu après il en parlait à M. le Maire de Lyon et à M. le Président de la Chambre de Commerce, qui tous deux s'y montrèrent extrêmement favorables et promirent d'y intéresser, l'un le Conseil municipal, l'autre les représentants du commerce lyonnais. Dans les deux assemblées, la conception, soumise à examen, à discussion, se précisa, prit corps, et devint un projet. Aux partisans de la première heure, se joignirent peu à peu les membres plus tardifs à se convaincre. Avant d'arriver à un eentente complète, il y avait d'ailleurs bien des questions à examiner, non point à l'effet de les élucider entièrement, mais pour mesurer leur importance, voir quelles difficultés chacune d'elles comportait, sur quelles bases financières et administratives reposerait l'exécution du projet, comment s'organiseraient sa divulgation, sa démonstration d'efficacité, en France et à l'Etranger, enfin sa réalisation pratique. Grâce aux encouragements persuasifs de M. Herriot, à l'énergie agissante d'un certain nombre de personnalités dont les noms se retrouveront sans cesse au cours de cet exposé, MM. Antoine Rivoire, Achille Lignon, Alexandre Victor, Charles Cabaud,

Octave Biron, Etienne Fougère, et quelques autres, les grandes lignes de cette organisation se dessinaient déjà nettement, au printemps de l'année 1915. Le 15 juin, en vertu d'un accord intervenu entre le Conseil municipal et la Chambre de Commerce, une Commission formée de sept membres de chacune des deux assemblées était convoquée par M. le Maire de Lyon à l'Hôtel de Ville. Ces quatorze membres étaient :

Pour le Conseil municipal : MM Rambaud, Gourju, Victor, Thévenon, Vial, J. Robin et Peillod.

Pour la Chambre de Commerce : MM. Brunier, Richard, Péronnet, Rivoire, Coquard, Lignon et Robatel.

Dans cette séance furent rappelées les raisons qui avaient fait naître le projet. Nécessité d'une réaction vigoureuse en France contre l'invasion économique de ses voisins, contre l'infiltration sournoise qui avait précédé l'irruption armée et qui reprendrait même après l'expulsion si l'on négligeait de se prémunir ; — souvenir de l'une des institutions qui jadis avaient fait la prospérité de Lyon et augmenté la richesse de la France, c'est-à-dire de ces foires périodiques réunissant quatre fois par an, aux XVe et XVIe siècles, les marchands et les banquiers de l'Europe entière et du Levant, au confluent du Rhône et de la Saône ; — possibilité de rétablir à Lyon ces mêmes foires, mais transformées selon les conditions modernes, suivant l'exemple de Leipzig, en foires d'échantillons ; — rappel de la situation géographique de la seconde ville de France, situation dont les moyens de transport nouveaux n'ont nullement amoindri les avantages, au contraire ; — enfin, volonté ferme de la part des Lyonnais de faire œuvre de patriotisme en consacrant toutes les ressources de leur ingéniosité et de leur activité commerciales à la grande renaissance économique du pays.

Emplacement et mode d'installation. — On en vint ensuite à l'étude concernant le choix d'un emplacement favorable à l'installation de la Foire de Lyon. Un rapport à ce sujet fut fourni par la Chambre de Commerce. Ecartant tout d'abord, comme d'étendue insuffisante, le cours du Midi et la place Carnot, puis le cours et la place Morand, qui avaient été proposés, le rapporteur adoptait l'avis émanant d'une majorité pour laquelle l'emplacement le plus avantageux était la file des quais du Rhône. donnant une longueur utilisable de neuf kilomètres sur une largeur moyenne de treize mètres. Les magasins ou boutiques pourraient avoir quatre mètres sur chaque face ; le principe était que chaque négociant adhérant à la Foire aurait une installation indépendante qu'il aménagerait à son gré, et où il recevrait les clients de son choix. Le prix de location du stand ainsi défini était fixé à 550 francs. (1)

(1) Ce prix fut dans la suite définitivement augmenté et porté à 600 francs, 350 francs pour 1/2 stand. Ces prix s'entendent le stand étant loué nu. La location est payable le 31 octobre de l'année qui précède la Foire, pour les adhésions antérieures à cette date, et au moment de la demande pour les adhésions plus tardives.

pourvu qu'ils appartinssent à une nation alliée ou neutre ; seules les nations ennemies en seraient, comme de juste, rigoureusement exclues.

Publication d'une brochure notice. — La publication d'une brochure contenant une notice explicative fut alors décidée. Cette brochure imprimée chez Rey, à Lyon, parut dès les premiers jours de l'automne de 1915. Elle était intitulée *La Foire d'échantillons de Lyon, du 1er au 15 mars 1916,* et contenait 16 pages de texte (format in-18), plus 8 pages hors texte présentant diverses vues photographiques de la ville de Lyon, et un dessin en perspective de l'alignement continu des boutiques sur les quais avec, au-dessous, la projection en plan ; ce plan, que nous reproduisons, indiquait, avec les cotes, les dimensions de ces boutiques et leur situation par rapport à la chaussée, au fleuve, et aux lignes d'arbres du trottoir sur lequel elles devaient être établies. On pouvait voir ainsi que, conformément à une décision prise par la Commission, ces baraques en bois ne formant dans chaque travée des trottoirs du quai qu'un seul et même bâtiment, sorte de long et étroit rez-de-chaussée, et n'étant séparées les unes des autres que par des cloisons, celles-ci pouvaient dans certains cas se supprimer et permettre à tel exposant qui avait besoin d'un emplacement plus grand, de louer deux ou trois boutiques voisines dont les séparations seraient abattues.

Constitution définitive du Comité. — Rien ne devait être modifié dans ce projet extrêmement bien conçu, dont l'auteur principal était M. Meysson, l'architecte en chef de la Ville de Lyon, adjoint d'office à la Commission. Celle-ci, au cours du mois d'août 1915, avait encore accru le nombre de ses membres par l'adjonction de six représentants du Conseil général du Rhône et de quelques autres personnalités, entre autres MM. les Présidents des Chambres de Commerce de Saint-Etienne et de Vienne. Elle avait en même temps échangé sa dénomination primitive de *Commission d'études* en celle de *Comité d'organisation*. Et sa composition définitive fut désormais fixée ainsi qu'il suit :

MM. Herriot, maire de Lyon, sénateur du Rhône; Biron, Bonnevay, Brossette, Faurax, Fougère, Mermillon, conseillers généraux; MM. Victor, Gourju, Peillod, Rambaud, Robin, Tribolet, Thévenon, Vial, conseillers municipaux; MM. Lignon, Rivoire, Barret, Perrin, Richard, Robatel, Brunier, Coquard, Péronnet, membres de la Chambre de Commerce ; M. Cabaud, consul impérial de Russie ; M. Bovagnet, président du comité républicain du commerce; M. Bonnier, président de la Chambre de Commerce de Vienne ; M. Tavernier président de la Chambre de Commerce de Saint-Etienne; MM. Guichard, Arlaud, Payen, Pétrier, Thivel, président et membres de la Ligue de défense des intérêts français ; M. Serlin, secrétaire général de la Mairie;

M. Chalumeau, ingénieur en chef de la Ville; M. Meysson, architecte en chef; M. de Watteville, banquier (1).

Constitution de la Société financière. — En même temps, la Société financière se constituait comme Société anonyme qui s'intitulait *Société Lyonnaise pour*

---

(1) Placée sous le haut patronage de M. le Président de la République et de M. le Ministre du Commerce et de l'Industrie, la Foire de Lyon a élu depuis lors un Comité d'honneur, ainsi composé :

Présidents : MM. l'Ambassadeur de Russie à Paris ; — l'Ambassadeur d'Angleterre à Paris ; — l'Ambassadeur d'Italie à Paris ; — l'Ambassadeur des Etats-Unis à Paris ; — le Ministre de Belgique à Paris ; — le Ministre de Portugal à Paris ; — le Ministre de Serbie à Paris ; — POKROWSKI, ancien Ministre des Affaires Etrangères de Russie ; — le baron SAKATANI, ancien Ministre des Finances du Japon ; — DUBOST, Président du Sénat ; — DESCHANEL, Président de la Chambre des Députés ; — BAUDET, Sénateur d'Eure-et-Loir, Président du Congrès des Maires de France ; — DUPONT, Sénateur de l'Oise, Président du Comité des Expositions à l'Etranger ; — MASCURAUD, Sénateur de la Seine, Président du Comité républicain du Commerce, de l'Industrie et de l'Agriculture ; — BARBIER, Sénateur de la Seine, Président du Comité des Conseillers du Commerce extérieur de la France.

Membres : MM. GÉRARD, Ambassadeur de France au Japon ; — Justin GODART, Député du Rhône, Sous-Secrétaire d'Etat au Service de Santé ; — AUGAGNEUR, Député du Rhône, ancien Ministre ; — PÉRET, Député de la Haute-Vienne, ancien Ministre ; — AJAM, Député de la Sarthe, ancien Sous-Secrétaire d'Etat ; — CAZENEUVE, Sénateur du Rhône, Président du Conseil Général du Rhône ; — BEAUVISAGE, Sénateur du Rhône ; — PONTEILLE, Sénateur du Rhône ; — VERMOREL, Sénateur du Rhône ; — BENDER, Député du Rhône ; — BONNEVAY, Député du Rhône ; COLLIARD, Député du Rhône ; — GOURD, Député du Rhône ; — MANUS, Député du Rhône ; — MOUTET, Député du Rhône ; PAYS, Député du Rhône ; — PEYRET, Député du Rhône ; — ROGNON, Député du Rhône ; — VOILLOT, Député du Rhône ; — BORET, Député de la Vienne ; — HONNORAT, Député des Basses-Alpes ; — RAULT, Préfet du Rhône ; — MAESTRACCI, Préfet de l'Allier ; — le Général EBENER, Gouverneur militaire de Lyon ; — AUZIÈRE, Premier Président à la Cour d'Appel ; — LOUBAT, Procureur Général à Lyon ; — JOUBIN, Recteur de l'Académie de Lyon ; — PÉLAGAUD, Président du

Le Comité d'organisation de la Foire, réuni dans la salle du Conseil municipal à l'Hôtel de Ville.
(*Cl. J. Sylvestre.*)

le développement du Commerce et de l'Industrie en France, et fixait son siège social à Lyon, place Bellecour, 19. Les statuts en furent établis par MM. Antoine Rivoire, président du Syndicat d'initiative, membre de la Chambre de Commerce. M. Gustave Guichard, président de la Ligue des intérêts français, et M. Georges-

---

Tribunal civil ; — GROS, Procureur de la République ; — SOULIER, Président du Tribunal de Commerce ; — COIGNET, Président de la Chambre de Commerce de Lyon ; — BATCHEF, Attaché commercial à l'Ambassade de Russie à Paris ; — le Consul d'Angleterre à Lyon ; — le Consul d'Italie à Lyon ; — le Consul de Belgique à Lyon ; — le Consul de Serbie à Lyon : le Consul des États-Unis à Lyon ; — le Consul d'Espagne à Lyon ; — le Consul de Suisse à Lyon ; — MAURIS, Directeur de la Compagnie P.-L.-M. ; DE GIRARD, Vice-Recteur de l'Université de Fribourg ; — BALLIF, Président du Touring-Club de France ; — CAHEN (Fernand), chargé de Missions, Conseiller du Commerce extérieur ; — les Présidents des Chambres de Commerce de : Alais, Alger, Arles, Annonay, Aubenas, Beaune, Bougie, Bourg, Bourges, Belfort, Besançon et du Doubs, Blois, Chalon-sur-Saône, Louhans et Autun, Châteauroux, Chambéry, Cette, Clermont-Ferrand, Corbeil, Deux-Sèvres, Dijon, Gray et Vesoul, Limoges, Lons-le-Saunier, Mâcon, Charolles et Tournus, Marseille, Moulins et Lapalisse, Montpellier, Nantes, Nice, Nîmes, Périgueux, Perpignan, Rouen, Saint-Etienne, Saumur, Tarare, Thiers, Vienne, Villefranche ; — le Président de la Chambre de Commerce américaine de Paris ; — le Maire de Louhans ; — le Président du Comité C. I. A. de Montpellier ; — KRETZSCHMAR, Président du Syndicat des Intérêts chalonnais ; — ALBERT, correspondant de la Foire en Suisse ; — CHRISTOPHE, correspondant de la Foire en Angleterre ; — PIERSON, correspondant de la Foire en Hollande.

Membres honoraires : MM. ALLAN (Gev.-W.), de Winnipeg ; — BEAUBIEN (Charles), Sénateur du Canada ; — BELL (Geo), Dominion Bridge, Montréal ; — CASGRAIN, Ministre des Postes du Canada ; — CAMPBELL (Roy), Secrétaire de la Mission Économique canadienne ; — DAMOUR, Député des Landes ; — DUPRÉ (Edmond), ancien Président de la Chambre de Commerce canadienne de Montréal ; — HATENAY (Franck), de Saint-John ; — HERDT (Geo), Canadian Export Association ; — LANGLOIS, Représentant de journaux canadiens ; — PATENAUDE (Louis), Délégué de la Chambre de Commerce française de

Louis Arlaud, après étude et discussion aux réunions du Comité ; là furent utilement recueillis les avis d'un homme tout spécialement compétent, M. Canavy, qui avait été convié à cet effet à en faire partie. Son nom ne put figurer sur la liste définitive énumérée plus

---

Montréal ; — PAUZE (Franck), ancien Président de la Chambre de Commerce canadienne de Montréal ; — SEUROT (Paul), Secrétaire de la Chambre de Commerce française de Montréal ; — WADEWORTH (Tho.-H.), ancien Président de l'Association des Manufacturiers canadiens de Montréal, Membre de la Mission Economique canadienne ; — WOODS (Jas-W.), Président de la Mission Economique canadiennee, Président du Board of Trade, de Toronto.

Quant au Comité d'organisation, en voici la liste actuelle, allongée de quelques nouveaux noms, et diminuée d'un très petit nombre, par décès ou démissions.

MM. HERRIOT (Edouard), Maire de Lyon, Sénateur du Rhône, ancien Ministre, Président du Comité d'organisation de la Foire ; — LIGNON (Achille), ancien Président du Tribunal de Commerce, Membre de la Chambre de Commerce, Négociant, Président du Conseil d'Administration de la Société de la Foire ; — CABAUD (Charles), Industriel, Consul de Russie, Vice-Président de la Société de la Foire ; — RIVOIRE (A.), Négociant, Membre de la Chambre de Commerce, Président du Syndicat d'Initiative, Vice-Président de la Société de la Foire ; — VICTOR (A.), Industriel, Adjoint au Maire de Lyon, Administrateur délégué de la Société de la Foire ; — BOVAGNET (P.), Président de la Section Lyonnaise du Comité Républicain du Commerce, de l'Industrie et de l'Agriculture, Secrétaire du Conseil d'Administration de la Société de la Foire ; — BIRON (O.), Conseiller Général du Rhône, Chef du Service de la Publicité de la Foire ; — FOUGÈRE (E.), Fabricant de soieries, Conseiller Général du Rhône, Chef du Service du Classement et du catalogue ; — GUICHARD (Gustave), Négociant, Président de la Ligue de Défense des Intérêts Français, Président de la Commission de Contrôle ; — TRIBOLET (H.), Adjoint au Maire, Chef du Service des Transports et du Logement ; — ARLAUD (G.-L.), Membre de la Ligue de Défense des Intérêts Français ; — BARRET, Négociant, Président de l'Alliance des Chambres Syndicales ; — BIROT (E.), Président de l'Association de l'Afrique Française du Nord ; — BONNIER, Industriel, Président de la Chambre de Commerce de Vienne (Isère) ; — BONNEVAY, Député, Conseiller Général du Rhône ; — BROSSETTE, Industriel, Conseiller Général du Rhône ; — BRUNIER (E.),

haut, car peu après une mort rapide et imprévue l'enlevait à ses concitoyens, et venait priver l'entreprise de la Foire de Lyon d'un concours qui lui eût été des plus précieux. Il fut remplacé par M. Champromis.

Négociant, Membre de la Chambre de Commerce de Lyon ; — CHALUMEAU (C.), Ingénieur en Chef de la Ville de Lyon ; — CHAMONARD (H.), Fabricant de soieries, Membre de la Chambre de Commerce de Lyon ; — COQUARD (J.), Négociant, Membre de la Chambre de Commerce de Lyon ; — DOUADY, Professeur d'anglais à la Faculté des Lettres ; — FOUCHÈRE (Charles), Inspecteur principal de la Compagnie P.-L.-M. ; — GOURJU (A.), Avocat, Conseiller Municipal, Conseiller Général, ancien Sénateur du Rhône ; — GUILLON (A.), Ingénieur, Directeur général de la Compagnie des Tramways de Lyon ; — KOHN (Michel), Négociant en pelleteries, Secrétaire de la Chambre Syndicale des Pelletiers et Fourreurs ; — MERMILLON (L.), Négociant, Conseiller Général du Rhône ; — MEYSSON (C.), Architecte en chef de la Ville ; — PAYEN (G.), Négociant, Membre de la Ligue de Défense des Intérêts Français, Administrateur de la Société de la Foire ; — PEILLOD, Adjoint au Maire de Lyon ; — PELLETIER (E.), Fabricant de soieries, ancien Président de l'Association de la Fabrique Lyonnaise, Vice-Président de l'Union Textile de France, Conseiller du Commerce Extérieur ; — PÉRONNET (P.), Négociant, Membre de la Chambre de Commerce, Président de la Fédération Lyonnaise de l'Alimentation ; — PERRIN (A), Industriel, Secrétaire de la Chambre de Commerce, Président de l'Union des Chambres Syndicales Lyonnaises ; — PÉTRIER (F.), Industriel, Vice-Président de la Ligue de Défense des Intérêts Français ; — PONCIN (DE), Directeur général de la Coopérative Agricole du Sud-Est ; — RAMBAUD (G.), Architecte, Adjoint au Maire de Lyon ; — REVOL (H.), Négociant en soieries ; — RICHARD (E.), Fabricant de soieries, Membre de la Chambre de Commerce ; — RIGOLLET, Industriel ; — RIVOIRE (L.), Président du Syndicat Lyonnais des Transports ; — ROBATEL (T.), Industriel, Membre de la Chambre de Commerce ; — TAVERNIER, Président de la Chambre de Commerce de Saint-Etienne ; — THÉVENON, Adjoint au Maire ; — THIVEL (G.), Industriel, Vice-Président de la Ligue de Défense des Intérêts Français ; — TOURNUS, Président du Syndicat des Entrepreneurs de Transport de la Région Lyonnaise ; — VIAL (J.), Adjoint au Maire ;— VORON (E.), Président de l'Union du Sud-Est des Syndicats agricoles ; — WATTEVILLE (J. DE), Banquier, Président du Syndicat de la Bourse et de la Banque ; — WIERNSBERGER (P.), Chargé de cours à la Faculté des Sciences, Directeur de l'Ecole « La Martinière » ; — CHAMPROMIS (F.), Docteur en Droit, Avocat.

Le capital de la Société fut fixé par les statuts à la somme de 300.000 francs, divisé en 600 actions de 500 francs chacune, devant être toutes nominatives, — avec faculté laissée à l'Assemblée générale d'augmenter ou de diminuer le capital social. Les actions, indivisibles, devaient être payables en espèces, pour un quart à la souscription, pour les trois autres quarts suivant la décision du Conseil d'administration. Voici d'ailleurs les statuts principaux :

Tout actionnaire doit être Français.

La Société, fondée pour une durée de 99 années, est administrée par un Conseil d'administration composé de sept membres au moins et de douze au plus, nommés par l'Assemblée générale des actionnaires et pris parmi eux. Nommé une première fois pour six ans, le Conseil, après réélection, doit se renouveler par la sortie d'un ou de plusieurs membres chaque année pendant la deuxième période de six ans, de telle sorte que tous les membres soient sortants au cours de cette deuxième période. En cas de vacance, le Conseil peut toujours pourvoir au remplacement de l'administrateur disparu. Chaque administrateur doit être possesseur d'au moins deux actions. Le Conseil a droit à des jetons de présence, de valeur à fixer, mais ne doit avoir aucune participation aux bénéfices.

Le Conseil nomme chaque année son Président et son Secrétaire, rééligibles l'un et l'autre, ce dernier pouvant être pris en dehors du Conseil ou même des actionnaires ; il suffit qu'il soit Français.

La présence du tiers des administrateurs en exercice est nécessaire pour la validité des délibérations. Les décisions sont prises à la majorité des voix ; en cas de partage, la voix du Président est prépondérante.

Le Conseil a les pouvoirs les plus étendus, sans limitation et sans réserve, pour agir au nom de la Société dans toutes les opérations relatives à son objet, qui est :

Le développement et l'extension du commerce et de l'industrie français, principalement par la création d'une foire d'échantillons à Lyon, et par toutes autres entreprises tendant aux mêmes fins. Elle peut, pour cela, acheter, vendre, prendre ou donner à bail tous immeubles construits ; édifier toutes constructions, industrielles, commerciales ou d'habitation ; faire toutes opérations commerciales, industrielles, financières, mobilières et immobilières se rattachant aux objets indiqués. Enfin, la Société peut également s'intéresser directement ou indirectement à la création ou à l'exploitation de toutes Sociétés ou affaires ayant un objet similaire ou analogue au sien dans tous pays, par voie d'apport, de fusion, de souscription ou d'achat d'actions, ou par tous autres moyens. Ce sont ces différents pouvoirs que la Société délègue à son Conseil.

Celui-ci est autorisé à déléguer tel de ses pouvoirs qu'il juge utile à un ou plusieurs de ses membres et à donner des mandats déterminés à telles personnes qu'il avisera, mandats rétribués ou non.

L'Assemblée générale se réunit une fois l'an. Elle entend et discute les rapports du Conseil d'administration et des commissaires que celui-ci choisit à son gré, actionnaires ou non, pour dresser le bilan, les comptes et la situation de la Société. Elle détermine l'emploi des bénéfices et fixe les dividendes sur la proposition du Conseil, les époques et modes de paiement, les conditions d'amortissement des actions ; elle nomme les administrateurs à remplacer ; enfin elle donne au Conseil les pouvoirs pour les cas non prévus et prononce souverainement sur tous les intérêts de la Société.

Convoquée extraordinairement, l'Assemblée décide, sur proposition du Conseil, au sujet de l'augmentation ou de la diminution du capital social, du changement de siège social, de la fusion ou alliance avec d'autres Sociétés, de sa dissolution anticipée, de l'emploi des fonds de réserve, et des modifications à apporter aux Statuts.

Les produits annuels, déduction faite de toutes les charges sociales et des frais généraux, constituent les bénéfices sur lesquels doivent être prélevés :

1° Les amortissements utiles ;

2° 5 p. 100 pour la réserve légale ;

3° Le dividende, calculé à raison de 5 p. 100 des capitaux versés et non remboursés ;

4° 5 p. 100 pour constituer une réserve facultative, sans limitation de chiffres ;

5° 5 p. 100 à titre de second dividende, mais de telle sorte que le 10 p. 100 total ainsi atteint ne soit jamais dépassé ;

6° Le surplus sera employé suivant les décisions de l'Assemblée, mais plus spécialement au développement des moyens d'action de la Société pour arriver au but qu'elle s'est proposé. Cet emploi n'est pas limité. L'Assemblée peut, si elle veut, au cas où la réserve facultative atteindrait 300.000 francs, rembourser le capital social. En cas de perte de la moitié de ce dernier, le Conseil d'administration est tenu de convoquer l'Assemblée, pour délibérer sur l'opportunité d'une dissolution anticipée (1).

L'assemblée générale constitutive fut convoquée le 18 décembre 1915, à 2 heures de l'après-midi, à l'Hôtel de Ville, dans la salle du Conseil municipal. Dès le 30 octobre, en effet, 562 souscriptions avaient été enregistrées, et l'on pouvait considérer le capital comme virtuellement obtenu. Le 9 novembre, la souscription était close. De tous les concours attendus, aucun n'avait fait défaut. Les plus importants groupements industriels, tels que le Comité des Forges

(1) Nous n'avons donné là qu'un *extrait* des Statuts. On trouve au siège de la Société leur libellé complet, par Titres et Articles.

de France, le Comité des Houillères, etc., avaient voulu s'intéresser financièrement à l'œuvre inaugurée. On procéda donc, dans cette séance du 18 décembre, à la nomination des administrateurs, qui furent ainsi désignés :

MM. Edouard HERRIOT, maire de Lyon, sénateur du Rhône.

Pierre BARRET, membre de la Chambre de Commerce de Lyon.

Francisque BONNIER, président de la Chambre de Commerce de Vienne.

Paul BOVAGNET, industriel.

Charles CABAUD, consul impérial de Russie, administrateur de la Banque de France.

Gustave GUICHARD, président de la Ligue de défense des intérêts français.

Achille LIGNON, membre de la Chambre de Commerce de Lyon, ancien président du Tribunal de Commerce de Lyon.

Louis MERMILLON, conseiller général du Rhône.

Georges PAYEN, membre de la Ligue de défense des intérêts français.

Antonin PERRIN, secrétaire et membre de la Chambre de Commerce de Lyon, président de l'Union des Chambres syndicales lyonnaises.

François PÉTRIER, membre de la Ligue de défense des intérêts français.

Ennemond RICHARD, membre de la Chambre de Commerce de Lyon.

Antoine RIVOIRE, membre de la Chambre de Commerce de Lyon, président du Syndicat d'initiative de Lyon.

Tobie ROBATEL, membre de la Chambre de Commerce de Lyon.

François THIVEL, membre de la Ligue de défense des intérêts français.

Alexandre VICTOR, adjoint au maire de Lyon, ancien juge au Tribunal de Commerce.

A la suite de cette première Assemblée générale des actionnaires, eût lieu immédiatement la première réunion du Conseil d'administration ainsi composé, et sous la présidence de M. Achille Lignon, délégué à cet effet. Le Conseil procéda aussitôt à la nomination du bureau, qui fut constitué de la façon suivante :

MM. Edouard HERRIOT, président d'honneur.
Achille LIGNON, président effectif.
Antoine RIVOIRE et Charles CABAUD, vice-présidents.
Alexandre VICTOR, administrateur délégué.
Paul BOVAGNET, secrétaire.

A l'administrateur délégué furent conférés tous pouvoirs utiles à la Société, notamment pour toutes les

M. Achille LIGNON
Président de la Société de la Foire.

signatures au nom de celle-ci, tous retraits et décharges, toutes mesures à l'égard du personnel employé, et pour représenter la Société en justice.

Adhésion et appui des pouvoirs publics. — Ainsi se trouvèrent solidement établies les bases de l'Entreprise, pour sa bonne gestion financière, pour son avenir en tant qu'affaire commerciale. Mais en même temps l'on n'avait pas oublié qu'il était nécessaire, pour définir son caractère national et bien marquer son but patriotique, d'obtenir l'assentiment des pouvoirs publics à sa fondation; plus encore, leur patronage officiel, la garantie de leur sympathie durable, de leur conviction zélée et de leur ostensible appui, dans tous domaines et tous pays. Ce fut la tâche particulièrement importante et délicate de M. le sénateur maire de Lyon, aidé de ceux de la Société et du Comité que leurs affaires mettaient depuis longtemps en contact, soit avec nos représentants politiques à l'étranger, soit avec les autorités et les grands industriels des diverses nations.

Le mercredi 13 octobre 1915, une délégation composée de MM. Lignon, Rivoire, Arlaud et Thivel, avait été présentée par M. Herriot à M. le Président de la République, pour le prier d'accorder son haut patronage à la Foire de Lyon. En y consentant, M. Poincaré avait bien voulu féliciter très chaudement les promoteurs de leur intéressante initiative. Le matin du même jour, un accueil non moins favorable avait été fait à la délégation par M. le Ministre du Commerce, de l'Industrie, des Postes et des Télégraphes, qui donnait dès le lendemain confirmation de son patronage par une lettre officielle, adressée à M. le Maire de Lyon (1). Peu de jours après, le 22 octobre, c'était le Président du Conseil, chargé par intérim du Ministère des Affaires Etrangères, M. René Viviani, qui dans une lettre à M. Herriot lui annonçait l'initiative qu'il venait de prendre d'envoyer à tous nos postes diplomatiques et consulaires, ainsi qu'à tous nos attachés commerciaux à l'étranger, une circulaire définissant le but de la Foire d'échantillons de Lyon, et faisant appel en vue de son succès à leur plus large concours, les priant de devancer même la publicité prochaine projetée par l'entreprise pour informer de son ouverture à la date du 1er mars 1916, tous les groupements commerciaux et industriels de leurs circonscriptions. Les gouverneurs des diverses colonies furent, par M. le Ministre des Colonies, prévenus de même et engagés à s'intéresser vivement à l'œuvre.

Comment n'eût-on pas d'ailleurs été convaincu des chances de réussite offertes par une œuvre poussée dès sa naissance avec tant d'énergie par les organisateurs, entourée dans la ville même de toutes les sympathies.

(1) On trouvera le texte de cette lettre, ainsi que de toutes celles dont il est parlé un peu plus loin, dans le premier Bulletin de la Foire de Lyon du 1er février 1916.

soutenue par des souscriptions financières arrivant en masse, appuyée par les subventions annuelles que s'engageaient à verser les corps constitués (40.000 francs du Conseil municipal, 20.000 du Conseil général, 40.000 de la Chambre de Commerce), enfin conquérant déjà, avant toute publicité, toute démarche directe, l'adhésion des industriels grands et petits de toute la région avoisinante ? Aussi la France entière commençait d'y avoir foi pleinement. Le *Comité républicain du Commerce, de l'Industrie et de l'Agriculture*, si connu par l'intérêt bien informé qu'il sait apporter au développement de toutes les forces économiques vivaces du pays, après avoir écouté l'exposé fait devant lui par M. Herriot du projet de foire mondiale à Lyon, envoyait à tous ses présidents de sections un bref aperçu du projet, en les engageant de la façon la plus pressante à agir autour d'eux pour appeler la participation unanime à cette œuvre patriotique, gage pour la France de victoire économique après la victoire militaire.

Accueil du projet à l'étranger. — Une approbation particulièrement encourageante fut celle de l'*Office national du Commerce extérieur*, dont le directeur, M. Mercier, écrivait, dès le 14 septembre 1915, pour promettre le concours de sa publicité, à l'égard des consuls de tous pays, et des Chambres de Commerce de France et de l'Etranger. Une des premières réponses reçues avait été d'ailleurs celle de la Chambre de Commerce de Paris ; M. David Mennet, son président, exprimait à M. le Maire de Lyon les vœux de la Chambre pour le succès d'une tentative destinée à concurrencer et à supplanter même la Foire de Leipzig ; il en félicitait la Ville de Lyon, tout en ne cachant pas que des groupes parisiens avaient aussi l'idée de créer à Paris une foire analogue, et que sa sympathie était également acquise aux deux œuvres.

Bientôt parvinrent, soit à M. le Ministre des Affaires étrangères, soit à M. le Maire de Lyon, des réponses des Ambassades et Légations françaises (Londres, Rome, Grèce, Pays-Bas), des Consulats généraux (Londres, Rotterdam, Barcelone, Naples), de nos Résidents à Tunis et au Maroc, des Chambres de Commerce étrangères à Paris (Amérique, Espagne). Ces réponses contenaient toutes le témoignage du plus vif intérêt pour la future Foire de Lyon, et du désir sincère, prouvé par une action immédiate, d'aider à sa réussite. La Chambre de Commerce russo-française, à Pétrograd, qui avait reçu de M. du Halgouët, attaché commercial de France en Russie, la notice imprimée concernant l'entreprise, informait, le 2 décembre 1915, le président du Comité d'organisation qu'elle avait décidé de traduire en russe cette brochure et de la faire tirer à 10.000 exemplaires, de faire de même pour toute autre communication du même genre, de presser les adhésions, de recevoir les sommes destinées au Comité et de les lui faire parvenir, enfin d'envoyer à Lyon un délégué spécial, chargé de faciliter l'arrivée des échantillons.

Cette lettre coïncidait, à trois jours près, avec la présence à la séance du Comité, le 30 novembre, de M. du Halgouët lui-même, qui, ayant aimablement accepté de venir assister un jour aux travaux de celui-ci, y avait pris la parole et exposé avec chaleur quel serait le désir de la Russie de fortifier par tous les moyens ses relations commerciales avec la France. La Foire de Lyon en était un excellent, dont là-bas on s'empresserait de profiter. Mais il n'avait pas caché qu'un grand effort serait nécessaire pour dégager le commerce russe, surtout les grandes maisons, de l'influence allemande. L'industrie des matières premières, l'industrie paysanne, seraient plus faciles à attirer tout de suite. Pour tout résultat à obtenir, des traductions de brochures spéciales sur la Foire seraient des plus utiles. En tous cas, M. du Halgouët s'offrait à écrire pour soutenir la cause, à M. Isvolski, ambassadeur de Russie à Paris, ainsi qu'à M. Raffalovitch, attaché militaire. D'autre part M. Cabaud informait le Comité, dans cette même séance, que M. Batcheff, représentant à Paris le commerce russe, d'une manière presque officielle, auprès du gouvernement français, demandait avec empressement des renseignements explicites sur la Foire, et le Comité exprimait le désir qu'il fût, comme M. du Halgouët, invité à assister à l'une de ses réunions.

Répartition du travail d'organisation. — En dehors des réunions plénières du Comité, se tenaient, depuis le milieu de novembre, des réunions de sous-Commissions ; celles-ci, au nombre de quatre, choisies au sein même du Comité, se partageaient le travail d'organisation. C'étaient :

1° La Commission pour les assurances, le gardiennage, les téléphones, le service postal, l'hygiène. — Président, M. Mermillon ;

2° La Commission pour la location des stands. — Président, M. Guichard ;

3° Commission pour l'établissement des cahiers des charges avec les entrepreneurs. — Président, M. Victor ;

4° Commission pour la publicité. — Président, M. Biron. De cette dernière sous-Commission furent aussitôt nommés MM. Rivoire, Fougère, Arlaud, Vial et Thivel.

Pour le fonctionnement aisé de ces divers services créés, ainsi que pour la centralisation de toutes les opérations et de tous les renseignements, des bureaux furent installés à l'Hôtel de Ville, dans les salles même où étaient naguère les bureaux de l'Exposition de 1914. Le chef de cette administration fut M. Deshors, choisi comme secrétaire par le Comité ; sous sa direction dévouée et habile furent mises un certain nombre d'employées pour la correspondance, le classement des documents, les informations verbales à fournir, et l'expédition de toutes circulaires, brochures ou programmes concernant la Foire. On ne saurait trop louer le fonctionnement parfait de cet organisme depuis sa fondation.

Organisation de la publicité. — La besogne de propagande nécessitait une activité sans relâche. Et d'abord il fallait précipiter et multiplier les envois de la circulaire aux acheteurs, et de la brochure aux producteurs. On y joignit pour ces derniers un imprimé dont nous donnons ici la teneur (1). On peut dire que grâce à la consultation assidue de tous les annuaires commerciaux, grâce à toute sorte de renseignements officieux, peu d'oublis importants furent commis, 150.000 envois de circulaires et 35.000 de brochures furent faits. Les circulaires étaient rédigées en quatre langues, français, anglais, italien, espagnol. On peut donc conclure que, même pour cette première année, le monde entier fut informé de l'ouverture de la Foire de Lyon.

Mais l'appel individuel n'eût pas été suffisant pour le retentissement que devait avoir une pareille entreprise. Il fallait la publicité par la presse. Ce fut la charge incombant à la sous-Commission dirigée par M. Biron. Il y eut donc, soit dans les réunions séparées,

(1) Voir pages 28 et 29.

FOIRE DE LYON

du 1er au 15 mars 1916

sous le haut patronage

de M. LE PRÉSIDENT DE LA RÉPUBLIQUE
et de M. LE MINISTRE DU COMMERCE ET DE L'INDUSTRIE

DEMANDE DE PARTICIPATION

Nom et prénoms ou Raison sociale ....

Industrie ....

Adresse ....

....

Désignation des articles que vous désirez présenter et faire inscrire au catalogue : ....

....

Nombre de boutiques retenues (*4 m.* × *4 m.*) ....

Si ces boutiques sont au nombre de plusieurs, faut-il les laisser en un seul et grand magasin, ou faut-il les isoler les unes des autres par des cloisons ? ....

....

Faut-il réserver l'une de ces boutiques en cabinet-bureau ? ....

Somme totale à payer (à raison de 550 fr. par boutique) ....

Après avoir pris connaissance du règlement ci-contre, je déclare faire la demande ci-dessus de participation à la Foire de Lyon, *du 1er au 15 mars prochain.*

Je vous remets ci-inclus un .... *de la somme de*
(chèque ou mandat-poste)
.... *représentant la moitié de la somme dont je suis redevable. Je verserai le solde en prenant possession de mon local et, au plus tard, le 28 février prochain.*

.........................., *le* .... *1915.*

SIGNATURE,

FOIRE DE LYON
CÔTÉ DU RHÔNE
CÔTÉ DE LA CHAUSSÉE
1916

RÈGLEMENT DE LA FOIRE DE LYON

pour l'Année 1916

1° Toutes les demandes d'admission seront soumises au Comité qui pourra les refuser sans appel.

2° Les constructions seront mises à la disposition des occupants le 20 février ; elles devront être entièrement débarrassées, et les clés rendues au bureau, le 23 mars avant 18 heures.

3° Chaque adhérent, à partir du 20 février, devra retirer, au bureau, sa carte qui lui donnera le droit de prendre possession de son local. Cette carte lui sera remise :

a) Contre le vu de la lettre d'acceptation qui lui aura été envoyée par l'Administration ;

b) Contre le versement du solde du montant de sa location.

4° Les locaux seront ouverts tous les jours de 8 heures à 17 heures. Les heures de fermeture, pour faciliter la surveillance, devront être rigoureusement observées.

5° L'Administration décline toute responsabilité pour vol, incendie et quelque autre cause que ce soit. Elle se tient à la disposition des adhérents qui voudront s'assurer contre ces risques en les mettant en rapports, sur leur demande, avec les Compagnies spéciales.

6° Il est défendu d'entailler ou de détériorer, de quelque manière que ce soit, les cloisons, planchers ou plafonds, et tout autre matériel fourni par l'Administration. On pourra pourtant y fixer des rayons ou objets par des vis et des clous.

7° Il est défendu d'exposer ou de mettre en vente des objets provenant des pays ennemis et notamment de l'Allemagne, de l'Autriche ou de la Turquie. Toute boutique où l'un de ces objets sera trouvé sera immédiatement fermée, les sommes versées restant acquises. De plus, l'Administration se réserve le droit de refuser l'inscription du délinquant aux Foires suivantes, pendant le nombre d'années qu'elle décidera souverainement.

8° En cas de contestation, le Tribunal de commerce de Lyon sera seul compétent.

9° Il est formellement interdit de livrer aucun objet pendant toute la durée de la Foire ; les adhérents ne pourront qu'inscrire les ordres.

10° L'adhérent s'engage à se soumettre à toutes les prescriptions qu'édicteraient l'Administration ou l'Autorité pour assurer l'ordre et la sécurité.

soit dans les séances générales, celles-ci n'ayant lieu ordinairement que toutes les semaines, d'importantes délibérations, qui aboutirent aux précisions que voici :

La propagande par affiches fut écartée de prime abord, comme beaucoup trop coûteuse, si l'on veut lui donner l'extension suffisante, et par suite, peu conforme, en ce temps de guerre, non seulement aux nécessités économiques de l'œuvre, mais au bien supérieur du pays ; — ou inutile, si l'on veut précisément réaliser l'économie en réduisant le nombre des exemplaires.

Pour la presse, l'avis fut de s'adresser surtout aux périodiques spéciaux (1) ou à des organes corporatifs. On constata qu'il y avait, en France, 80 journaux corporatifs, et 108 à l'étranger (pays alliés ou neutres). A chacun d'eux fut envoyée une circulaire s'informant de leurs tarifs pour l'insertion d'un certain nombre de lignes chaque semaine et, en outre, de trois articles (un en décembre, un en janvier, un en février), dont on leur fournirait le texte. Les prix indiqués par ces divers journaux se tinrent autour d'une moyenne de 100 francs. On décida de retenir seulement cinquante d'entre eux.

Quant à la presse quotidienne, on fit appel à son concours gracieux pour insérer de temps à autre un

(1) Nous entendons par là les journaux techniques, les organes commerciaux, industriels, et les bulletins des grandes Associations commerciales, économiques et industrielles.

communiqué. L'attente de cette complaisance ne fut point déçue, en particulier pour la presse lyonnaise, qui apporta, depuis la première démarche faite auprès de ses divers organes, le plus courtois et le plus efficace empressement à publier toute indication, tout appel, toute nouvelle quelconque intéressant la Foire et transmise par le Comité. Certains de ces journaux même, tels que le *Nouvelliste*, voulurent bien se charger de faire insérer les principales de ces notes dans leurs correspondants de la région.

On s'adressa de même aux grands quotidiens de Paris (*Temps*, *Journal*, *Echo de Paris*, *Matin*, *Figaro*, *Petit Journal*, *Petit Parisien*, etc.), aux feuilles principales des départements (*Petit Marseillais*, *Petit Provençal*, *Eclair de Montpellier*, *Petit Méridional*, *Dépêche de Toulouse*, *France de Bordeaux*, *Petite Gironde*, *Phare de la Loire*, *Courrier du Cantal*, *Est Républicain*, etc.) (1) ; enfin à l'étranger, à ceux qui de préférence ont de tout temps donné une large place aux nouvelles de France (*Journal de Genève*, *Gazette de Lausanne*, *Gazetta del Popolo*, *Secolo*, *Corriere della Sera*, *Libéral*, *New-York Hérald*, etc.).

---

(1) Environ 1.400 journaux de province insèrent gracieusement les communiqués rédactionnels qui leur sont adressés. La Maison de la Presse s'est mise spontanément à la disposition du Comité pour communiquer ses informations dans les pays étrangers.

En outre, les agents diplomatiques et consulaires Français à l'étranger ont fréquemment fait insérer, dans les journaux de leur juridiction, des notes destinées à faire connaître l'entreprise.

Partout l'accueil fut des plus satisfaisants. On obtint même d'un assez bon nombre d'entre ces journaux, moyennant une dépense relativement peu élevée (2.000 francs pour Paris, 500 francs pour la province et l'étranger), l'insertion de deux *placards* par semaine et de deux articles jusqu'à l'ouverture de la Foire.

Somme toute, la dépense pour la publicité des circulaires et brochures n'excéda pas 20.000 francs, et le concours de la presse ne nécessita pas plus de 5.000 francs; soit 25.000 francs pour l'ensemble, chiffre que le Comité avait fixé dans la répartition de son budget (1). Or il est bien certain que le résultat obtenu dépassa de beaucoup tout ce que l'on aurait pu attendre de la première réalisation du plan conçu, même avec des frais bien plus considérables.

Propagande par voie de conférences. — C'est qu'il ne faut pas oublier, à côté de la publicité par l'imprimé, la propagande par la parole. Sous l'impulsion

(1) Ces chiffres ont depuis lors augmenté, et le budget annuel dépasse à présent 100.000 francs. Mais ce budget a permis d'accorder des subventions en rapport avec leur importance, à 300 journaux, se répartissant ainsi :

50 journaux professionnels ;
80 — de province ;
60 — parisiens ;
20 publications diverses, et une centaine de journaux des pays alliés ou neutres.

Dans ce dernier chiffre ne sont pas compris les journaux américains, la publicité dans les Etats-Unis ayant été faite par les soins et aux frais du Comité américain de la Foire de Lyon.

que donna l'exemple de M. Herriot, divers membres du Comité se répandirent dans les grandes villes de France, de Suisse, d'Italie, et y donnèrent des conférences aussi applaudies qu'elles étaient convaincues et convaincantes. Sans vouloir donner le compte rendu d'aucune d'entre elles, il est permis cependant de rappeler l'impression extraordinaire que produisit, en Italie et en Suisse particulièrement, cette manifestation d'énergie française, cette volonté affirmée d'achever par le travail, par la puissance productrice, par l'association organisée de nos forces pacifiques, la victoire que nos armes étaient en train de nous conquérir sur un ennemi qui avait escompté notre écrasement. Il semblait que ce geste de notre part fût attendu, et que l'intérêt inspiré par la grandeur de notre cause dans cette guerre demandât, pour se déclarer encore davantage, la garantie de ce que seraient désormais notre activité et notre labeur pendant la paix. Lyon, prenant dès maintenant l'initiative de la lutte commerciale et défiant Leipzig, devait nécessairement éveiller la sympathie et, par l'éloquence de ceux qui venaient exposer son projet, soulever l'enthousiasme.

En Suisse, à Lausanne, ce fut M. Herriot qui, le 4 janvier 1916, accompagné de MM. Rivoire et Payen, fit la conférence organisée par la *Chambre Vaudoise du Commerce et de l'Industrie* et par la *Société industrielle et commerciale*, sous la présidence de M. Eugène Failletaz, président de la Chambre Vaudoise du

Commerce. Peu après, M. Arlaud fit parmi ses compatriotes trois conférences, l'une à Bienne, à la Chambre de Commerce, le 19 janvier; la seconde à Zurich, devant la Chambre de Commerce de Zurich, Saint-Gall et Winterthür, le 20 janvier; et la troisième à Fribourg, le 27, devant la Chambre de Commerce de cette ville et le groupement des Sociétés commerciales de la région ; celle-ci était présidée par M. de Girard, ancien recteur de l'Université de Fribourg. A Genève, le 29 décembre, M. Fougère avait fait, sur invitation de la Chambre de Commerce française et de l'*Union industrielle Suisse*, une première conférence, présidée par M. Vars, président de la Chambre de Commerce française, qu'entouraient MM. Boveyron, conseiller d'Etat d'Helvétie, Lachenal, député, ancien président de la Confédération Helvétique, et Pascal d'Aix, consul.

En Italie, à Milan, ce fut encore M. Herriot qui prit la parole, le 6 janvier, à la Chambre de Commerce, sous la présidence de M. Salmoraghi, président de l'*Union des Chambres de Commerce italiennes*, et assisté de MM. Rivoire et Payen. On sait les relations séculaires qui existent entre Lyon et Milan, par la communauté de leurs industries et de leurs idées commerciales, par leurs échanges, et leur émulation toujours associée à la sympathie. Ce soir-là, celle-ci trouva une occasion exceptionnellement heureuse de rayonner plus que jamais.

A Paris, au siège de l'*Office national du Commerce*

Perspective des Stands sur le quai Gailleton.
(*Cl. Jo et Bé.*)

extérieur, 3, rue Feydeau, le 12 novembre 1915, et au *Comité Républicain du Commerce, de l'Industrie et de l'Agriculture*, 3, place de Valois, le 9 décembre, sous la présidence, ici de M. Mascuraud, là de M. Barbier, sénateurs, même accueil de part et d'autre fut fait à M. le sénateur maire de Lyon, qui n'eut pas de peine à démontrer dans ces deux réunions des plus hautes personnalités du commerce parisien, l'avantage de la Foire d'échantillons instituée à Lyon. Le 12 novembre, c'étaient MM. Lignon et Perrin qui l'accompagnaient, le 8 décembre, MM. Bovagnet et Mermillon.

Les autres villes de France où fut portée la bonne parole en faveur de la Foire de Lyon furent Bordeaux où l'on entendit la conférence de M. Fougère, (13 janvier 1916); Limoges et Saint-Etienne (14 et 29 janvier) où le même orateur se fit applaudir, enfin Marseille et Grenoble, où parla éloquemment M. Robatel. Dans chacune de ces villes, c'étaient les Chambres de Commerce qui, en recevant les conférenciers, manifestaient leur assentiment déjà tout acquis à l'œuvre lyonnaise. Il va sans dire que chaque conférence détermina dans la ville où elle était faite de nombreuses adhésions d'industriels à la Foire du 1er mars suivant.

Début, progression et affluence des participations. — L'ensemble des adhésions grossit bientôt dans une proportion que l'on n'eût pas osé se promettre, que l'on n'avait même pas envisagée. Une bonne preuve à cet égard est que l'on n'avait, au mois d'octobre 1915, pas voulu commander plus de deux cents baraques ou *stands*. Le prix de ces stands, par convention établie entre M. Victor et l'entrepreneur, M. Delangle, était de 1.150 francs. Le prix de location fut fixé à 550 francs. De cette façon la dépense pouvait être amortie, ou à peu près, en deux ans; pour cela, il fallait se garder d'avoir un excédent de stands commandés. Mais on reconnut bien vite que le chiffre de 200 était fort insuffisant. A la fin de novembre il était question d'en commander 100 de plus, en janvier on allait à 500, et au 1er février, l'on s'apercevait que le chiffre des locations demandées avait atteint 576. Le dernier mois la progression se faisait de plus en plus rapide: le 8 février c'étaient 685 demandes qui étaient parvenues, et malgré la confection hâtive de stands supplémentaires, il en manquait encore 125; le 15 les locations étaient au nombre de 730. Mais déjà l'on avait décidé, à défaut possible de stands et d'emplacements le long des quais et sur la place Morand, d'utiliser partiellement un certain nombre de bâtiments municipaux, le palais de la Bourse, l'hôtel de la Mutualité, et le palais des Beaux-Arts, quai de Bondy; de ce dernier même avait dû se retirer le principal ouvroir municipal qui y était installé, et qui se transporta dans un immeuble de la rue Jouffroy. On pensa même à aménager la salle Rameau, puis l'avis meilleur prévalut de la réserver aux conférences et réunions qui pourraient avoir lieu, soit à l'occasion de la Foire, soit en d'autres circonstances. On eut enfin recours au subterfuge consistant à louer des demi-stands pour les adhérents qui, n'ayant qu'un nombre d'échantillons relativement faible à exposer, pourraient s'entendre avec des représentants d'articles similaires ou voisins des leurs, de façon à n'occuper ensemble qu'un seul des emplacements réglementaires de 4 m. sur 4 m.

Finalement, le 29 février, veille de l'ouverture de la Foire, l'entreprise avait recruté 1.342 adhérents répartis en 912 stands. Par nationalités ce chiffre comprenait : 1.199 Français, 1 Alsacien, 14 Anglais, 4 Canadiens, 43 Italiens, 77 Suisses, 2 Espagnols, 1 Hollandais, 1 Russe. Personne ne s'étonnait d'ailleurs de la quantité relativement bien petite d'étrangers. Cela tenait au peu de temps disponible entre l'annonce et l'ouverture de la Foire pour organiser efficacement le choix des échantillons, et surtout pour régler les questions internationales de transports, de droits et garanties de toute sorte. Mais tout cela, presque entièrement solutionné au 1er mars 1916, comme nous le verrons, devait pour la Foire de 1917 être élucidé de façon définitive. Au surplus, c'était le fonctionnement même de l'entreprise qui, plus encore que tous les programmes, était capable d'entraîner vers Lyon le concours universel.

Répartition des exposants. Catalogue. — Les exposants d'échantillons furent répartis en 15 catégories :

I. Automobiles et accessoires. — II. Métallurgie et outillage. — III. Machines agricoles ; engrais. — IV. Meubles de fer et de bois ; mobilier de jardin. — V. Produits chimiques. — VI. Tissus et filés. — VII. Bijouterie, horlogerie, orfévrerie. — VIII. Electricité et gaz. — IX. Jouets, maroquinerie, celluloïde. — X. Alimentation. — XI. Vêtements et accessoires. — XII. Pelleteries et fourrures. — XIII. Papeterie, librairie, imprimerie, divers. — XIV. Administrations. — XV. Musique.

Ce travail de répartition ne fut pas un des moins longs ni des moins délicats à accomplir. Il fut la base de la confection du Catalogue officiel qui fut confiée à MM. Noirclerc et Fénétrier, éditeurs, 9, rue de l'Hôtel-de-Ville à Lyon, spécialistes qualifiés pour ce genre de travail : c'était eux qui avaient édité, en 1914, le *Guide général de l'Exposition*. Dès le mois de décembre, ces Messieurs avaient soumissionné aux conditions suivantes : contrat pour une durée de trois ans, et bénéfices calculés sur les recettes d'après une échelle proportionnelle adoptée d'un commun accord par eux et le Comité de la Foire. Ils s'engageaient de plus à publier, en outre du catalogue, une liste générale des exposants, dans laquelle devaient figurer tous les membres des collectivités non cités individuellement dans le catalogue.

Dans celui-ci furent placées d'abord quelques généralités sur Lyon, son importance commerciale et

Aspect extérieur d'un Stand. — Maison J. Lehmann (Au Florentin).
(*Cl. J. Sylvestre.*)

industrielle, ses principales curiosités, ses voies de communication, ses hôtels, restaurants, etc.. A la suite furent disposés trois répertoires, où les fabricants (noms personnels ou Sociétés anonymes) étaient classés successivement :

1° Par ordre alphabétique,
2° Par espèces,
3° Par lieux d'origine.

Chaque participant avait droit, dans le répertoire par ordre alphabétique, à trois lignes de mentions gratuites. Il pouvait y faire ajouter, moyennant un droit de publicité très réduit, d'une à vingt lignes supplémentaires. Dans le répertoire numéro 2, il pouvait avoir son nom répété pour diverses espèces, mais avec une seule ligne de mentions chaque fois.

Quant aux annonces de publicité proprement dite, elles venaient seulement après le catalogue et indépendamment de celui-ci, sauf que le lecteur y était renvoyé par un signe spécial figurant au n° 1, au-dessous du nom catalogué.

Au début du volume fut imprimée une courte et éloquente préface de M. Edouard Herriot, précisant le sens et la portée de l'entreprise, tandis que deux plans en couleur, à la fin, indiquaient au visiteur de la Foire l'un, les diverses lignes de tramways de la ville, l'autre, les emplacements des stands.

Le délai d'inscription expirait officiellement le 31 janvier 1916, et le catalogue fut imprimé d'après la liste établie à ce jour. Mais comme on consentit après cette date à accueillir encore d'assez nombreux retardataires, un supplément au catalogue, qui avait paru le 25 février, fut publié les premiers jours de la Foire. On réunit alors les deux brochures sous une même enveloppe, et le tout fut mis en vente au prix de 1 franc. Le tirage fut de 20.000 exemplaires.

Création d'un bulletin périodique.— Au catalogue, sorte de guide pratique, il convenait d'adjoindre, conformément à l'idée émise par M. le Maire de Lyon à la séance du Comité du 3 janvier 1916, un *Bulletin périodique de la Foire*, destiné à rendre compte des conditions dans lesquelles la Foire s'ouvrirait, se manifesterait, se clôturerait la première année, se préparerait pour les années suivantes, qui en un mot permettrait de suivre le développemeut et tous les progrès de l'entreprise ; qui, en outre, publierait à l'occasion toutes communications, tous articles se rattachant directement ou indirectement à elle : études sur les projets de renouvellement et de perfectionnement de l'industrie et du commerce en France, renseignements importants de statistique concernant la production, les transports, les douanes, etc. — M. Biron voulut bien se charger de recueillir tous les éléments de rédaction de ce bulletin, d'en préparer l'impression et de faire exécuter le tirage.

Le premier numéro parut le 1er février 1916. Il

comprenait cinquante-quatre pages. Débutant par un exposé précis dû à M. Fougère, il passait ensuite en revue les actes constitutifs de la Société financière, les approbations officielles données à l'entreprise, énumérait les conférences faites par les membres du Comité, et publiait enfin la liste des participants annoncés au 31 janvier; suivaient quelques renseignements pratiques (1).

Assurance par les " Lloyd's ". — Un des plus importants concernait le mode d'assurances contracté par la Société de la *Foire de Lyon*. Dès le 9 novembre 1916, M. Herriot proposait au Comité une entente avec les assureurs du *Lloyd* (2) à Londres, avec qui il avait conclu pour l'Exposition de Lyon en 1914 un contrat *Tous risques*. Ce contrat lui avait assuré une couverture de cent millions de francs, les recettes de l'Exposition d'autre part garanties; si bien que la

(1) La publication mensuelle régulière du bulletin, dorénavant édité par MM. Noirclerc et Fénétrier, ne commença qu'au 1er juillet 1916, date de la publication du deuxième numéro. Nous aurons l'occasion de signaler les articles particulièrement importants et intéressants qui y ont paru depuis lors. Et l'on trouvera en un appendice à la fin de ce volume une table méthodique de toutes les matières qui y ont été traitées jusqu'ici.

(2) Le Lloyd n'est pas une Compagnie d'assurance, mais une réunion d'assureurs particuliers, au nombre d'au moins 1.200 ; ce sont les *Underwriters*, souscripteurs des polices, à qui les propositions sont apportées par les *brokers* ou courtiers. — Pour plus amples renseignements sur le *Lloyd* et ses origines, voir le *Bulletin Officiel de la Foire de Lyon* du mois de janvier 1917, p. 6.

brusque interruption de celles-ci par suite de la déclaration de guerre n'avait frappé que le *Lloyd*, et que celui-ci, qui avait dû payer à la Ville de Lyon une somme de deux millions, s'était intégralement acquitté de cette dette avec un admirable esprit de loyauté. C'était là un précédent de nature à inspirer la plus absolue confiance dans tout contrat que proposerait cette Société. Or, elle proposa pour tout participant à la Foire de Lyon précisément l'assurance *Tous risques*, c'est-à-dire une assurance simple et complète garantissant toutes les marchandises, et aussi toutes les responsabilités. On sait que la plupart des Compagnies d'assurance n'endossent que certaines catégories déterminées de risques, celle-ci l'incendie, celle-là les transports, cette autre le vol, etc. D'où l'obligation pour les industriels et les commerçants plus encore que pour les particuliers, d'avoir affaire à plusieurs Compagnies, et de signer polices sur polices. Quelle complication pour assurer si diversement les échantillons envoyés à la Foire! Avec l'assurance *Tous risques* des *Lloyd's*, les objets assurés ne cesseraient pas un instant d'être couverts depuis le moment de leur prise en charge par les transporteurs ou emballeurs au départ, jusqu'à celui de leur remise entre les mains des réceptionnaires à la Foire et des destinataires au retour. Le même contrat garantirait aussi et sans surprime la responsabilité civile de tous les adhérents compris dans la police, en un mot « tout ce qu'on peut

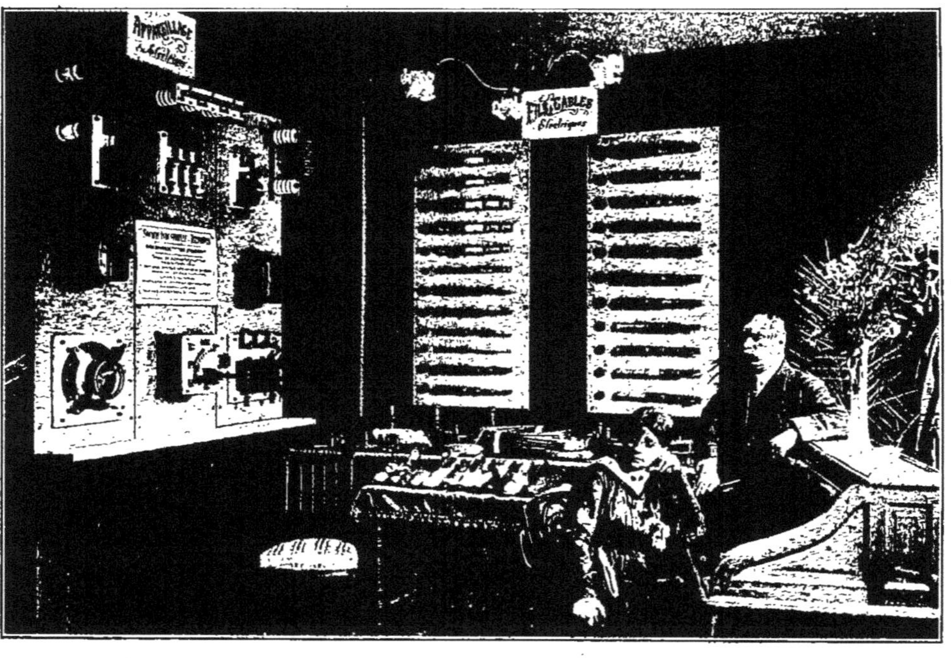

Un Stand du groupe de l'Electricité, Société des Téléphones.
(*Cl. Arlaud.*)

prévoir et surtout ne pas prévoir ». C'était l'idéal de la simplification.

Quant à la prime, variable suivant les circonstances, le *Lloyd* la fixait, pour toutes les marchandises venant par voie de terre à 1 p. 100, soit 10 p. 1.000. Elle devait être variable pour les transports par mer, en temps de guerre, ainsi que pour les pays étrangers. Voici, pour les marchandises venant d'Amérique ou des colonies, les taux indiqués, à la date du 28 décembre 1915 :

pour la France	10 p. 1.000
— l'Angleterre	25 p. 1.000
— l'Italie	15 p. 1.000
— la Suisse	10 p. 1.000

Devant les avantages offerts par ce contrat, le Comite de l'Exposition n'hésita pas à l'accepter, et fit imprimer une circulaire (1) qui fut envoyée à tous les participants inscrits. Les principaux risques garantis y étaient énumérés : incendie, vol, transports, dégâts des eaux, bris, y compris même tous les risques de guerre sur terre et sur mer ; et l'on y signalait que toutes les responsabilités et recours pouvant se rattacher aux objets et atteindre les participants se trouvaient aussi à couvert : cela, moyennant une prime unique et très modérée, variable naturellement suivant la provenance

(1) V. *Bulletin de la Foire de Lyon*, 1re année, n° 1 (février 1916), p. 52.

des objets, et qu'un bureau d'assurances, installé au secrétariat de la Foire indiquerait à chaque adhérent. Dès lors celui-ci n'aurait plus à s'inquiéter d'autre chose que de remplir un bordereau joint à la circulaire, en triple exemplaire, et d'y joindre un chèque ou un bon de poste égal au montant de la prime, puis d'adresser le tout au secrétariat de la Foire, contre délivrance d'un bon établissant le fait de l'assurance aux conditions générales de la Foire. Pour tous renseignements supplémentaires, on pouvait s'adresser à MM. Sage frères, assureurs à Lyon, correspondants du *Lloyd*, et chargés en cas de sinistres d'effectuer les règlements.

La circulaire rencontra chez les adhérents un accueil empressé, unanime. Le contrat *Tous risques* reçut donc plus de 1.300 signatures. Et après la foire de 1916, le Comité ayant eu l'idée de demander à chacun des signataires, par un référendum spécial, s'ils étaient satisfaits de cette assurance, il arriva, lors du dépouillement du scrutin à la salle Rameau en présence de M. le Maire de Lyon, que les réponses se trouvèrent toutes affirmatives, sans exception, sans aucune observation restrictive, et même avec nombreuses mentions pleines d'éloges.

Les bijoutiers, orfèvres, et l'admission temporaire en douane. — Dans ce même *Bulletin* du 1er février se trouvait aussi un renseignement important à l'adresse des bijoutiers et orfèvres étrangers appelés à participer à la Foire de Lyon, — à savoir que, le bénéfice de l'admission temporaire étant accordé à toutes marchandises originaires de l'étranger, les matières d'or et d'argent seraient exemptées des formalités de la garantie et du poinçonnage. Il y avait eu quelques inquiétudes à ce sujet. En Suisse, les nombreux fabricants d'horlogerie, bijouterie, ceux de Genève en particulier, dont l'industrie est si prospère, avaient nettement déclaré que, sans cette exemption, il leur serait impossible d'exposer le moindre échantillon. Celle-ci obtenue, les adhésions de ces industriels arrivèrent aussitôt. Et, dès la première foire, de très importantes affaires se conclurent sur cette catégorie d'articles.

Pelleterie et fourrures. — Il en est une autre que le Comité souhaitait beaucoup de voir figurer sur le marché lyonnais des échantillons : celle des pelleteries et fourrures. En effet, puisqu'il s'agissait de supplanter Leipzig, nulle conquête n'était plus intéressante que celle-là ; car, bien que la ville de Leipzig n'eût pas elle-même cette spécialité commerciale, c'est à Leipzig cependant que se traitaient avant la guerre presque toutes les transactions pour l'Europe en fait de pelleterie, grâce à l'organisation de la Foire. Les bénéfices extraordinaires qu'y réalisaient les dépositaires de ces articles leur permettaient d'accorder de telles facilités de paiement, que nos commerçants français eux-mêmes, trouvant en eux de véritables banquiers, en même temps que des fournisseurs prompts et admirablement approvisionnés, se voyaient obligés de chercher auprès d'eux l'appui qu'ils n'obtenaient nulle part dans notre pays.

Or, l'annonce de la Foire de Lyon suscita, non seulement chez nous, mais chez nos alliés, en Angleterre, en Russie, le désir de remplacer à cet égard le marché de Leipzig, dorénavant fermé, par un autre grand marché qui se trouvait ainsi tout indiqué. Un commissionnaire en soierie, M. Delesore, fit part au Comité de la Foire d'une lettre d'un commerçant de Londres, affirmant qu'il serait heureux de venir chaque année à Lyon pour acheter des fourrures, et qu'il serait prêt, si les facilités nécessaires lui étaient données, à acquérir pour un million environ de peaux venant de Russie, martres, zibelines, etc. Dans la séance du 21 décembre 1915, à laquelle était présent M. Michel Kohn, président de la Chambre syndicale des fourreurs et pelletiers de la région lyonnaise, M. Antoine Rivoire ayant fait part aussi du désir exprimé par un délégué du gouvernement russe de voir installé à la Foire de Lyon un marché de fourrures, et insistant vivement pour que dès l'année 1916 la tentative fût lancée, M. le Maire de Lyon aussitôt rédigea un télégramme à l'adresse de la Chambre de Commerce russo-française, afin de la renseigner sur ce projet, et

Stand des Manufactures réunies de Tresses et Lacets (Saint-Chamond).

d'avoir quelques indications sur la façon d'obtenir à bref délai le concours assuré des fournisseurs russes et l'envoi d'échantillons.

A la réunion suivante, le 28 décembre, furent convoqués plusieurs représentants des syndicats de la pelleterie qui, tout en reconnaissant l'intérêt présenté par l'organisation projetée, n'en dissimulèrent pas les difficultés : d'abord celle qui provient de la nature même des marchandises, très variables de l'une à l'autre, même en étant d'espèce identique, et ne pouvant par suite se juger par échantillons, pas plus que, pour l'achat d'un animal quelconque, on ne peut se déterminer par l'examen d'un de ses congénères ; seuls des intermédiaires très expérimentés et en relation avec des fournisseurs nombreux et sûrs peuvent à cet égard donner quelques garanties. Or, ces intermédiaires opérant à Leipzig n'existent point encore chez nous. De plus, sans parler de la question du crédit à obtenir aussi largement qu'à Leipzig, il y avait encore celle de l'amélioration des transports et des droits d'entrée. A ces objections il fut répondu par l'encouragement à marcher tout de même, les difficultés de ce genre étant inhérentes à tout début. Les démarches seraient poursuivies auprès des gouvernements français, russe, américain, ainsi qu'auprès des Chambres de Commerce; les rapports directs avec les fournisseurs indigènes seraient facilités. Dans la suite les affaires arriveraient à se traiter à la Foire de Lyon sans aucune nécessité de voyage pour le client, pourvu que dès maintenant le marché de Lyon commençât à s'établir et à s'affirmer.

Et en effet, ces conseils ayant été suivis, et un groupement de la pelleterie et de la fourrure ayant réuni dix-sept participants à la Foire de 1916, on y vit, non seulement les peaux à fourrures de notre pays, dites *sauvagines*, mais les loutres, les skunks, les renards, les pékans, fournis par l'Amérique du Nord; les ours, les petits-gris, les loups, les martres, par la Russie d'Europe, et par la Russie d'Asie les astrakans, les hermines et les zibelines; par la Chine les peaux de chèvres de toute espèce (Mongolie, Thibet); par l'Australie, les opossums, les kanguroos, les wallabys; par l'Amérique du Sud, les chinchillas, les ragondins, etc.; par l'Afrique (Abyssinie), les fourrures marquetées et rayées des grands fauves. Le mouvement était donc d'ores et déjà déterminé; effectivement les acheteurs vinrent nombreux de France, d'Italie, d'Angleterre, de Portugal, de Suisse et d'Espagne. Et si l'on parvient, comme les efforts des Chambres syndicales et de l'Union des pelletiers français en font concevoir l'espérance assurée, à organiser dans notre pays la teinture et l'apprêt des peaux, de manière à concurrencer l'industrie allemande similaire (Leipzig avait, aux dernières statistiques, plus de soixante-dix usines, pourvues des derniers perfectionnements, rien que pour l'apprêt); si les banques françaises veulent bien seconder ces efforts, on pourra, là comme sur tant d'autres terrains, s'affranchir de la primauté allemande si longtemps subie. La Foire de Lyon a été précisément créée pour activer, faire connaître et rémunérer rapidement tous efforts de ce genre. Elle y parviendra, là comme en tout le reste.

Aménagement intérieur des stands. — Nous n'entrerons pas dans le détail des délibérations qui eurent lieu au Comité, au sujet de l'aménagement intérieur des stands, de l'éclairage et du chauffage. On ne put sur cette dernière question arriver à la solution envisagée d'une entente avec la Compagnie du gaz pour un chauffage uniforme : les exposants eurent donc à se pourvoir eux-mêmes de poêles à pétrole ou à alcool, soit par achat, soit par location, ce qui put être assez facilement réalisé par les entrepreneurs qui se mirent à la disposition du Comité. L'éclairage électrique fut fourni par la compagnie de Jonage. L'administration de la Foire mettait dans chaque stand, à la disposition des locataires, une lampe de 50 bougies et une prise de courant pour lampe portative de 25 bougies. Les installations supplémentaires demandées, soit pour la lumière, soit pour la force motrice, furent mises à la charge des locataires, qui durent, comme pour le chauffage, s'entendre directement, à cet effet, avec les installateurs agréés par l'administration de la Foire.

Quant à l'aménagement intérieur, une circulaire fut envoyée aux adhérents leur proposant, moyennant le prix de 100 francs (83 francs de location et 17 francs pour la manutention et le transport), un mobilier comprenant :

Une table avec tapis.
Quatre chaises.
Quatre portemanteaux.
Une étagère.
Un porte-parapluie.
Une glace.
Une carpette.
Des *mystères* pour le vitrage.
Une lampe électrique de 50 bougies.

Toute latitude fut d'ailleurs laissée, soit pour garnir le stand d'objets supplémentaires par entente avec les entrepreneurs dont on fournissait la liste, soit pour organiser soi-même une installation complète, suivant ses goûts et ses besoins.

Aspect intérieur d'un Stand. — Orfèvrerie d'Ercuis.
(*Cl. J. Sylvestre.*)

CHAPITRE II.

LA FOIRE DE 1916.

Inauguration de la première Foire (1er mars 1916). — Au jour fixé, 1er mars 1916, tout était prêt pour l'inauguration, qui débuta solennellement par une cérémonie au Grand-Théâtre, en présence de la plupart des exposants. La salle était remplie. Sur la scène, à côté de M. Clémentel, ministre du Commerce et de l'Industrie, délégué par le gouvernement pour affirmer avec éclat l'intérêt national de l'institution nouvelle de la Foire de Lyon, avaient pris place M. Herriot, sénateur, maire de Lyon; M. Rault, préfet du Rhône; M. Pila, consul général, directeur au ministère des affaires étrangères, représentant le ministre M. Briand, président du Conseil; MM. les généraux d'Amade, inspecteur des 14e et 15e régions, et Meunier, gouverneur militaire de Lyon; MM. Cazeneuve, sénateur du Rhône; Coignet, président de la Chambre de Commerce; Achille Lignon, président du Comité de la Foire; Joubin, recteur de l'Université; Deloncle et Mascuraud, sénateurs; Pays, Manus, Plissonnier, Peyret, députés;

Loubat, procureur général; de nombreuses notabilités de la Chambre de Commerce, du Conseil général et du Conseil municipal; enfin les Membres du Comité de la Foire. De nombreux représentants de la presse parisienne et étrangère étaient venus assister à cette haute manifestation de l'énergie commerciale et industrielle française, prête à fournir par l'union et l'élan de toutes les volontés sur le terrain pacifique, en pleine guerre, un magnifique effort.

Après quelques mots de M. Clémentel qui, en ouvrant la séance, annonça qu'il venait de recevoir un télégramme de sympathie de la Chambre de Commerce de Turin, M. Herriot prit la parole en ces termes :

Au moment même ou, dans un effort qu'on eût pu croire au-dessus des forces humaines, la France armée, sur la neige sanglante de Verdun, se dresse et se maintient contre la ruée féroce des fauves, c'est une autre bataille que nous livrons, dans le calme, mais avec une énergie non moins résolue et une volonté non moins ardente. Elle signifie, cette seconde bataille, si intimement liée à la première, que c'est la France tout entière, dans toutes ses ressources, dans toutes ses puissances, dans toutes les applications de son activité, qui est debout, malgré les souffrances qu'elle endure, malgré les douleurs qu'elle subit, pour affirmer à la face du monde sa volonté de vivre indépendante et délivrée de toutes ses chaînes.

Jadis, nous avons voulu la paix, c'est la propre formule de notre ministre de la guerre. Nous pensions que les liens tissés par le commerce, que les rapports établis grâce à lui contribueraient, en même temps que le progrès espéré des idées morales, à éviter entre les peuples ces règlements tragiques.

Fidèles au génie même de la France, nous avons cru à la

civilisation, à l'avènement du droit, au recul de la guerre, ou tout au moins à son adoucissement.

Mais voici que les faits ont triomphé des idées, par la volonté d'un seul peuple, domestiqué par le plus odieux des maîtres. Voici qu'une guerre a surgi, plus atroce, plus acharnée que toutes les autres guerres.

Franchissant toutes les conventions établies par le droit et toutes les limites prescrites par l'honneur, jour par jour, aux yeux du monde, l'Allemagne se déshonore, martyrisant les civils comme les blessés, martyrisant les villes, martyrisant les vieillards, les femmes et les enfants, inventant mille supplices nouveaux, convertissant au profit du meurtre toutes les acquisitions de la science, ivre de meurtre et de colère. Mais, derrière cette mise en scène barbare, un intérêt veille, impitoyable, sournois, patient, prévoyant : l'intérêt de l'Allemagne industrielle et commerçante, pour qui le monde n'est qu'une proie. C'est cette Allemagne-là que nous avons voulu, que nous voulons attaquer.

Nous sommes allés, nous irons, disant aux peuples libres : « Si vous croyez à la probité et à l'honneur, si vous voulez tout en défendant vos intérêts, demeurer des hommes dignes de ce nom, vous ne pouvez plus travailler avec ces gens-là. Associons-nous, pour nous suffire, entre peuples civilisés, entre peuples libres, entre hommes libres. Que notre programme soit désormais : « Plus d'affaires avec des valets de bourreaux. »

La Foire de Lyon est, dans notre pensée, la première manifestation de cette fraternité commerciale qui doit unir la France à ses alliés et à ses amis.

Je remercie rapidement tous ceux qui nous ont aidés : le citoyen suisse qui, le premier, nous a signalé la possibilité de l'œuvre et son importance, mes chers collègues du comité qui ont bien voulu constituer autour de moi une petite famille unie dans le travail et l'ardent amour du pays. Je remercie surtout ces commerçants et industriels qui, malgré toutes les difficultés de l'heure présente n'ont pas hésité à répondre : « Présent ! » Les braves gens ! Ils ont senti qu'on faisait appel moins à leur intérêt immédiat qu'à leur patriotisme et à leur clairvoyance ; ils ont compris que cette première foire n'était qu'un rassemblement. Nous irons plus loin, beaucoup plus loin ; nous ne cesserons pas un seul jour de travailler à cette œuvre, mais nous n'oublierons jamais ni les collaborateurs des premiers efforts, ni les esprits élevés et clairvoyants qui nous ont défendus en tous lieux contre les assauts de la malveillance ou de la jalousie, ni les hautes autorités locales ou nationales qui nous ont soutenus de leur influence. Et, plus encore que tous les autres, je salue au nom de tous les Français, nos amis du dehors : Italiens, Anglais, Russes, Canadiens, Américains, Suisses. A chacune de leurs patries, j'envoie un salut respectueux et fraternel, comme je remercie ceux qui, partis de pays où l'opinion est encore divisée, nous ont apporté ce témoignage de leur sympathie personnelle, courageusement affirmée.

Nous ne voulons pas méconnaître les tentatives de ceux qui nous ont précédés. Notre grande et chère ville de Paris a eu ses hommes qui l'ont invitée à étudier et à combattre le péril commercial allemand. Nous les félicitons. Il ne s'agit pas en ce moment de telle ou telle ville ; il s'agit uniquement de la France ; il s'agit uniquement de préserver et d'étendre son génie.

C'est elle que vous représentez parmi nous, Monsieur le Ministre, et c'est pourquoi nous vous acccueillons en ces heures de lutte et de gloire, avec une profonde émotion. O mon pays ! c'est pour toi que nous rassemblons tout ce que nous pouvons avoir de courage, de volonté et d'intelligence. Les étrangers feignaient de ne pas savoir, nous ne savions peut-être pas nous-mêmes avec quelle ferveur nous t'aimions. C'est toi que nous avons voulu servir par cette œuvre, déjà vaillante et que rien ne nous empêchera de rendre forte et grande, dans cette enceinte de travail, le cri qui jaillit de nos poitrines est celui-là même qui passe sur les lèvres du soldat mourant, oui, Messieurs : « Vive la France ! »

Après les unanimes applaudissements soulevés par ce beau discours, M. le Ministre du Commerce et de l'Industrie, constatant la victoire économique que Lyon

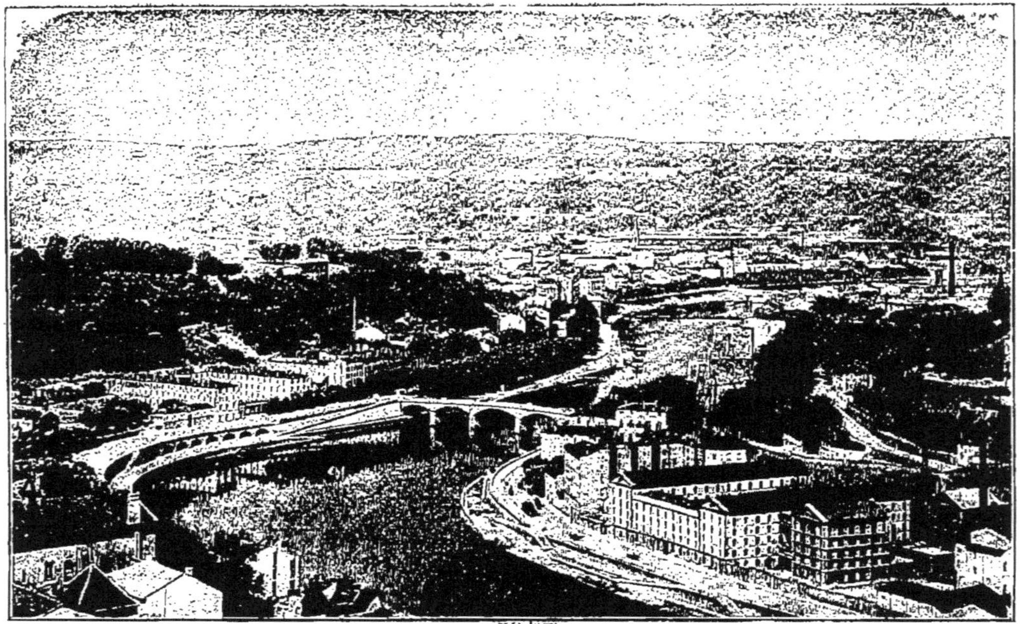

La Saône à Lyon-Vaise.
(*Cl. du Syndicat d'Initiative.*)

était en train de remporter pour la France, et le retentissement qu'elle suscitait déjà au delà de nos frontières, qualifia ainsi la généreuse entreprise de la grande cité :

C'est un acte de virilité par où s'affirment une fois de plus les qualités d'initiative de l'âme lyonnaise ; c'est un acte de foi dans les destinées de la patrie, dans sa puissance de production, sa force d'expansion, c'est une victoire économique, prélude de celles que de haute lutte, remporteront après la victoire des armes, nos industriels et nos commerçants contre nos éternels ennemis.

Dans sa folie de domination universelle, l'Allemagne a voulu réaliser pour elle-même le règne du surhomme qu'avait imaginé l'orgueilleux délire d'un des siens. Elle a tenté d'accomplir son rêve d'hégémonie en plongeant le poignard au cœur des nations les plus nobles, en immolant le droit des peuples à la frénésie de ses appétits, à ses bas instincts. Son rêve s'est brisé sur les bords de la Marne, devant l'héroïsme de la nation en armes, comme il se brise aujourd'hui, une fois de plus, devant Verdun. *(Applaudissements.)*

Mais depuis longtemps elle s'efforçait de conquérir la suprématie sur un autre terrain : pendant qu'elle berçait nos illusions généreuses par des paroles de paix, pendant qu'elle nous tendait la main, sous la figure sournoise de ses représentants, pendant qu'elle s'engageait avec tous les peuples civilisés à faire de la guerre un duel chevaleresque et plus loyal, elle coulait ses canons monstrueux, elle équipait ses sous-marins, elle distillait férocement, abritée dans ses laboratoires, ses gaz empoisonnés. Trafiquants et soldats se confondaient sous le même masque et, patiemment, entreprenaient la conquête du monde.

Nous fermions les yeux devant le péril grandissant, nous laissions l'ennemi s'infiltrer jusqu'au cœur de nos marchés, jusqu'aux centres les plus purs de notre activité industrielle et artistique. De cela nous avons failli mourir.

Aujourd'hui, le dormeur s'est éveillé : aujourd'hui, du plus humble ouvrier au plus puissant chef d'industrie, tous ont compris le danger, tous sont prêts à la lutte et à l'effort. *(Applaudissements.)*

Vous donnez, par la manifestation que nous célébrons, à ceux qui se préparent ainsi à l'action, le plus bel exemple. Vous criez très haut : « Qui veut peut ».

Désormais, grâce à vous, une première grande Foire française s'oppose à la Foire de Leipzig. Elle a miraculeusement réussi, et grâce au concours de tout ce qui peut compter dans l'activité industrielle et commerciale de la France, grâce au concours de vaillantes nations qui resteront nos alliées dans la paix comme dans la guerre *(applaudissements)*, chaque année son succès ira grandissant.

Nulle ville de France ne pouvait être mieux choisie pour y appeler le commerce de tous les points du monde que ce foyer intense de vie artistique et de vie industrielle qu'est la vieille ville de Lyon, berceau de la civilisation celtique, où routes et voies fluviales s'entrecroisent, qui a su retenir et assimiler les peuples dont les invasions sont venues déferler au confluent de ses fleuves. Du haut de ces coteaux de la Croix-Rousse où, depuis tant de siècles, bourdonnent et chantent les métiers, elle a répandu aux quatre coins du globe la gloire de Lyon et de la production française.

Grâce à cette cité en qui nous avons foi, parce qu'elle a su devenir une des métropoles les plus florissantes du commerce européen, le 1er mars marque une ère nouvelle dans l'histoire économique de notre pays, l'ère du plus grand effort et des réalisations fécondes.

On ne pouvait rendre un plus éloquent hommage à l'âme et à l'œuvre lyonnaises. M. Clémentel fut longuement acclamé. La séance se termina par la lecture des télégrammes suivants, envoyés par M. Herriot au nom de la réunion à MM. Poincaré et Briand.

Président de la République, Paris.

Les organisateurs et participants de la Foire d'échantillons de Lyon, inaugurant cette première réunion qui rassemble plus de mille participants, tiennent à vous adresser en reconnaissance de votre haut patronage, l'expression de leur plus respectueuse gratitude et de leur foi profonde dans les destinées de la patrie.

HERRIOT, maire de Lyon.

Président Conseil ministres, Paris.

Les organisateurs et participants de la Foire d'échantillons lyonnaise, résolus à entreprendre au plus fort de la guerre la lutte économique pour la grandeur de la France, de ses alliés et de ses amis, vous remercient de l'appui que vous leur avez constamment prêté et vous adressent l'expression de leur reconnaissant dévouement.

HERRIOT, maire de Lyon.

L'après-midi, par un temps magnifique, eut lieu le passage du cortège officiel le long des stands alignés sur les deux rives du Rhône, après une visite au palais du quai de Bondy et au palais de la Bourse, où l'on avait installé un certain nombre d'exposants tardivement inscrits, et pour lesquels le nombre des stands commandés n'avait pas été suffisant. Le long du Rhône, malgré la hâte des derniers préparatifs, presque toutes les installations étaient terminées, et le Ministre, qui tint à s'arrêter devant quantité de stands et à y pénétrer, put avoir l'impression complète du succès qu'il avait si heureusement pressenti. Il sut la rendre avec une conviction renouvelée, dans le toast qu'il prononça quelques heures après au banquet qui lui fut offert dans les salons du Cercle du Commerce. De toutes les paroles qui furent proférées ce soir-là, jaillit une flamme de généreuse confiance en l'avenir du pays, en son éternelle vitalité, qui réchauffa l'assistance. A ce moment même, tandis que Lyon travaillait à sauvegarder notre prospérité économique, nos troupes héroïques, massées devant Verdun, se redressaient contre le formidable assaut de l'ennemi, et sauvaient définitivement l'existence même de la nation.

Succès obtenu. Détail des résultats. — Dès ce premier jour d'ouverture, la Foire avait attiré une foule considérable de visiteurs. Celle-ci ne fit qu'augmenter de jour en jour, à mesure que les exposants achevaient de s'organiser. Bientôt le marché battit son plein, et le succès s'affirma de telle sorte que, sur la demande, aussi bien de la population lyonnaise que des vendeurs et des acheteurs nouveaux attirés de plus en plus nombreux, des points éloignés, par la rumeur publique, le Comité de la Foire et la Municipalité décidèrent, à titre exceptionnel, en raison de cette mise en mouvement un peu plus lente d'une première Foire, de prolonger celle-ci d'une semaine. Elle prit donc fin seulement le 20 mars, laissant l'impression d'une œuvre parfaitement conçue, et dès ce premier coup d'aile, lancée d'un magnifique essor.

Pour apprécier cette réussite en détail, on ne saurait

Intérieur d'un Stand. — Groupement lyonnais du Maroc.

(*Cl. Arlaud.*)

mieux faire que de se reporter à l'étude faite par par M. Herriot lui-même dans la *Revue des Deux Mondes* du 15 avril 1916. L'auteur donne d'abord les raisons et les principes de la fondation nouvelle, c'est-à-dire l'explication de ce que furent dans le passé les grandes foires, à l'Etranger et en France, en particulier à Lyon au moyen âge, et de la transformation que leur ont imposée les conditions de la vie moderne, transformation accomplie de façon définitive par la foire actuelle de Leipzig, qu'il ne faut pas craindre d'imiter pour la surpasser. Puis vient l'exposé des résultats obtenus. Nous y constatons, dans l'examen de la part prise à la première Foire de Lyon par nos alliés et amis, que, malgré la création d'une foire similaire à Londres, tenue quelques jours auparavant, les acheteurs sont venus nombreux d'outre-Manche ; et que, si les industries de la métropole n'ont pu être prêtes à temps pour apporter leurs échantillons, le Canada y a été représenté par quatre importantes Sociétés, qui ont pu nouer à Lyon, dans cette seule quinzaine, d'importantes affaires de denrées alimentaires, de fer et d'acier, de buis, de papier, de produits textiles, d'articles de corroierie et de sellerie, enfin de fourrures : cela non seulement avec les négociants français, mais avec nos colonies d'Afrique, avec le Danemarck, la Russie, la Suisse, l'Espagne et l'Italie.

Cette dernière nation, grâce à la bienveillante tutelle de son gouvernement, et l'aide de ses Chambres de

Commerce, dont l'Union, présidée par M. Salmoraghi, fit pour notre foire une active propagande, l'Italie, disons-nous, avait envoyé un groupe important de vendeurs, représenté en particulier par la puissante *Association cotonnière italienne* de Milan, par la Société *Æmilia Cros* pour les dentelles et broderies, par *l'Association pour le travail*, de Venise, par la *Societa promotrice dell' Industria Nazionale*, et l'*Association générale des industriels et commerçants*, de Turin. De la Suisse nous avons déjà dit la sympathie et l'empressement; le chiffre des exportations de notre pays chez elle, que la guerre a forcément diminué, se relèvera sans aucun doute, grâce à la Foire de Lyon, tandis que les vendeurs suisses s'y sont assuré, dès 1916, un marché des plus importants. Quant à la Russie, bien qu'elle ne pût nous offrir encore qu'une participation limitée, elle a dû reconnaître, par l'accueil fait à son exposition de menus objets fabriqués à la main en hiver dans ses campagnes, broderies, dentelles, bois sculptés, etc., etc., avec quel intérêt ses produits de toute sorte seraient examinés et enlevés par notre commerce et celui des nations amies.

L'industrie française avait concentré à Lyon des échantillons d'un nombre infini de produits; on peut dire qu'elle y était déjà représentée tout entière; aussi n'est-ce que par l'examen du catalogue que l'on peut avoir une idée de cette variété. M. Herriot, dans son compte rendu, a voulu surtout attirer l'attention sur quelques catégories plus spécialement marquantes : en premier lieu sur la métallurgie ; là, il a pu constater, avec tous les visiteurs, non seulement les résultats obtenus au point de vue de l'industrie de guerre (pour laquelle d'ailleurs on ne pouvait mettre sous les yeux du public qu'une partie minime des inventions et des procédés), mais encore ce que l'on devait d'abord rechercher dans une foire commerciale, les ressources nouvelles apportées à la construction et à l'outillage civil par le travail en grand des métaux. Or, la guerre n'avait nullement entravé le progrès à cet égard. *Le Creusot*, les *Aciéries de la Marine et d'Homécourt*, les *Hauts Fourneaux et Fonderies de Pont-à-Mousson*, les *Forges de Douai*, la *Société d'Outillage mécanique de Saint-Ouen*, ont montré par leurs échantillons que le volume et la puissance des engins nouveaux de toute espèce n'avaient fait aucun tort à la recherche de la précision la plus minutieuse dans les plus petits organes métalliques fabriqués, et dans les combinaisons d'alliages pour toutes les variétés de résistance et d'élasticité demandées à l'acier. Mais surtout les graphiques exposés étaient là pour prouver qu'à tous ces résultats correspondait une progression considérable dans les exportations : preuve que depuis plusieurs années, la clientèle mondiale appréciait de plus en plus la valeur de la technique métallurgique française, même à côté de celle de l'Allemagne, pourtant si vantée, et qui surtout savait si bien se vanter elle-même. La guerre a cependant fait comprendre bien mieux encore qu'auparavant à nos grandes firmes la nécessité de ne jamais se reposer sur les résultats acquis, et de reconquérir sur l'industrie de nos ennemis quantité de monopoles qu'elle avait accaparés. Nos maisons de construction électrique en particulier ont fait à cet égard des efforts gigantesques ; bientôt, soit dans le grand, soit dans le petit outillage, par exemple pour tout ce qui concerne le mouvement des métiers à tisser, où nous étions si regrettablement tributaires de l'Allemagne, aucune spécialité n'aura de recours à la fabrication d'outre-Rhin. La Foire de Lyon, mieux que n'importe quelle propagande par l'annonce ou l'article de presse, permettra, permet déjà aux étrangers, comme aux Français, de s'en rendre compte.

Même remarque faite pour la bijouterie française dans l'organisation de sa lutte contre l'industrie allemande de Pforzheim. Tous les visiteurs du palais de la Mutualité, où était installée son exposition, ont pu être édifiés. Quant à l'industrie des tissus et vêtements, elle a montré sa vitalité par sa réaction énergique contre la perte que lui a fait subir la prise de possession par nos ennemis des villes et territoires où elle avait sa plus florissante activité. Les autres centres de production se sont ingéniés pour y suppléer, en attendant la résurrection de ce qui fut abattu et la restitution de ce qui fut volé. Mais déjà à Paris, à Lyon, à Villefranche, à Grenoble, on a travaillé pour

La ganterie de Grenoble à la Foire de 1916.
(*Cl. J. Sylvestre.*)

fabriquer nombre de spécialités allemandes (rubans, bordures de Barmen, gants *suédés* de Chemnitz, etc.). Pour les fourrures et pelleteries, nous avons déjà dit plus haut quelles espérances pouvait faire concevoir la première tentative pour en créer un important marché à Lyon. Nous aurons l'occasion d'y revenir plus loin.

De même, en rendant compte du succès de la seconde Foire, nous aurons à constater tout ce que notre industrie du jouet a acquis depuis les premiers efforts tentés en 1915. Mais déjà la foire de 1916 a montré que le monopole allemand pouvait être détruit, si une organisation nouvelle bien comprise permettait à l'ingéniosité française de s'exercer largement dans ce domaine qui est vraiment le sien, puisque la finesse de l'esprit y a tant de part. Il n'y eut qu'à voir ce qu'avait déjà produit la *Fédération du jouet français*, diverses autres Sociétés récentes, et tout particulièrement les Ecoles de mutilés, en première ligne celle de Lyon, l'Ecole Joffre.

Voilà quelques-unes des industries de la France ; mais avec elles, à côté d'elles, se plaçaient les productions de nos colonies et des pays de protectorat : minerais, dentelles, tapis, etc., d'Algérie et Tunisie ; produits d'agriculture et d'élevage provenant du Maroc, d'Indo-Chine, de Madagascar. Exposition d'échantillons utile entre toutes, en raison de la nécessité absolue pour nous de recueillir à notre profit toutes les marchandises provenant de nos colonies, soit pour les consommer en échange de produits de la métropole, soit pour leur faire subir des transformations industrielles à la suite desquelles elles puissent revenir au lieu d'origine sous la forme de pièecs fabriquées; car nos colonies, étant destinées à enrichir à la fois les indigènes et nous, ne doivent point faire la fortune d'autres pays, et surtout des pays ennemis, si habiles jusqu'à présent à y opérer des transactions à notre détriment, et sans avantage pour la colonie même. Aussi plus l'indigène et le colon auront-ils le marché français ouvert, par des relations continuelles avec le commerçant et l'industriel français ou allié, plus la colonie prospérera pour le plus grand bien de la mère-patrie. C'est un des buts, et non des moindres, de la Foire d'échantillons. Elle le réalisera de plus en plus.

L'étude de M. Herriot se terminait par un aperçu des espérances qu'ouvrait la réussite de la première Foire de Lyon, et des problèmes à la solution desquels devait contribuer la persistance de cette réussite dans les années suivantes. La solution générale cherchée consiste en somme à déposséder l'Allemagne de sa puissance commerciale abusive, déloyale et malfaisante, pour former une union économique saine, forte, humaine entre les nations libres; à établir par conséquent de nouveaux courants où les pays alliés soient à même de trouver l'équivalent de tout ce qu'ils puisaient dans les exportations d'Allemagne; car, suivant la juste expresssion de M. Boutroux, président du Comité franco-britannique « seuls les liens d'intérêt entre les peuples présentent quelque caractère de permanence ». Ajoutons que les liens de sympathie constituent la première chaîne sur laquelle se noue la trame des intérêts. — L'année qui allait s'écouler entre la première Foire de Lyon et la seconde devait être consacrée à disposer sur le métier des fils de plus en plus nombreux destinés à se nouer ainsi. C'est à cette mission que les membres du Comité s'appliquèrent sans relâche du printemps 1916 à la fin de l'hiver 1917.

La Semaine du Livre. — L'esprit de résolution, l'activité continue qui avaient caractérisé la préparation de la première foire et amené son éclatant succès en dépit des présages des pessimistes et des timorés, assurèrent partout la confiance dans la Ville de Lyon en tant que promotrice du relèvement économique de la France. Une preuve marquante en fut offerte, quelques semaines après la clôture de la foire, par l'organisation, chez elle, d'une *Semaine du Livre*, c'est-à-dire d'une courte exposition de librairie, pour donner lieu à la rencontre d'aûteurs et d'éditeurs, et à un premier échange de vues sur la restauration de l'industrie du livre français. Et en effet, par comparaison avec notre art littéraire toujours si puissant, varié et fécond, et pour lequel nous demeurons sans conteste au premier rang des nations, la reproduction et la propagation de nos ouvrages sont fort au-dessous de ce qu'elles devraient être.

Le Cercle parisien de la Librairie, qui eut l'initiative de cette manifestation, ne prétendit nullement rassembler dans le local d'ailleurs assez restreint qui lui était attribué, des spécimens de toutes sortes d'ouvrages. Il se contenta d'inviter les éditeurs de Paris et de la province à exposer des livres traitant de la guerre et de ce qui s'y rattache. Le service photographique de l'armée consentit à envoyer un assez grand nombre de vues et de documents. A côté de ces photographies figurèrent des estampes relatives aussi à la guerre. L'exposition se fit au palais du Conservatoire, quai de Bondy. Une salle y fut réservée à une exposition de quelques livres rares et précieux, de manuscrits autographes, et de reliures d'art (1); une autre enfin à des ouvrages de librairie spéciale pour les aveugles, c'est-à-dire du système Braille (2).

---

(1) Cette salle était organisée par les éditeurs lyonnais, Lardanchet, Cumin et Masson, Vitte, Rey, et M. Protat, le très remarquable imprimeur de Mâcon. M. Lardanchet y avait exposé sa luxueuse édition des écrivains romantiques, son édition érudite des « *Amours* » de Ronsard, les œuvres du poète Louis Mercier, illustrées par Marcel Roux ; et MM. Cumin et Masson avaient tenu à donner la place d'honneur, bien méritée, au grand aqua-fortiste lyonnais Drevet, dont les gravures représentant le vieux Lyon, devraient être connues de la France entière.

(2) On connaît les remarquables résultats obtenus par ce système, consistant en des combinaisons de points en saillie sur des feuilles de papier suffisamment épaisses. Son seul inconvénient, inévitable, est de nécessiter de gros volumes pour un petit nombre de pages d'imprimerie ordinaire. On a pu atténuer cependant cet inconvénient dans une

Mais cette *Semaine du Livre* était, dans la pensée de ses organisateurs, bien moins une exposition qu'une manifestation à la fois littéraire et patriotique. Tout en prétendant par le choix de la Ville de Lyon rendre hommage à l'esprit actuel d'initiative de notre cité, elle voulait rappeler aussi que Lyon fut, aux débuts de l'ère moderne, la créatrice en France de l'art destiné à répandre de tous côtés dans le monde le flot multiplié de la pensée humaine, l'art de l'imprimerie ; que cet art y fut aussitôt porté presque à sa perfection avec les Sébastien Gryphe, les Jean de Tournes, les Rouville et les Etienne Dolet ; que Lyon enfin n'a cessé depuis lors d'en entretenir les meilleures traditions. Et le Cercle de la Librairie, suivant l'esprit qui lui inspirait cet hommage, eut l'heureuse idée de convoquer à Lyon dans cette semaine quelques conférenciers de grand talent qui nous entretinrent des hautes leçons à tirer de la guerre présente pour le perfectionnement littéraire autant que moral de notre nation.

L'inauguration de la semaine du Livre eut lieu le mardi de Pâques, 25 avril, sous la présidence de M. Dalimier, sous-secrétaire d'Etat aux Beaux-Arts, accompagné de MM. Rault, préfet du Rhône ; Herriot, sénateur, maire de Lyon ; Pierre Decourcelle, président

---

certaine mesure, à l'aide des nouvelles presses Vaughan, dont les deux Sociétés exposantes (*Société philanthropique d'impression pour aveugles* et *Société des amis des soldats aveugles*) avaient installé les appareils à côté de nombreux volumes.

de la Société des gens de lettres ; Haraucourt, Rosny, Rodocanachi, Massis ; Lobel, président du Cercle de la Librairie, et quelques-uns des grands éditeurs parisiens ; A. Lignon, président du Comité de la Foire de Lyon ; Rivoire, président du Syndicat d'initiative ; Tony Tollet, vice-président de la Société lyonnaise des Beaux-Arts ; Fougère, Gourju et Biron, conseillers généraux du Rhône, membres du Comité de la Foire ; Cumin et Lardanchet, éditeurs lyonnais, etc.

Le même jour, à 3 heures de l'après-midi, les mêmes personnes, auxquelles s'étaient joints M. le général d'Amade, M. le premier Président Auzière, M. le Procureur général Loubat, et plusieurs autres notabilités lyonnaises, se trouvaient réunies sur la scène du Grand-Théâtre devant une salle comble, pour entendre une conférence de M. Maurice Barrès, à la mémoire des jeunes écrivains français morts au champ d'honneur.

Le maire de Lyon ouvrit la séance pour souhaiter la bienvenue aux hôtes éminents de la Ville, remercier les éditeurs parisiens d'avoir réservé à la province une manifestation en l'honneur des Lettres françaises, et montrer qu'en exaltant l'héroïsme de ceux dont l'œuvre fut au service de l'idéal jusque dans la façon dont ils surent mourir, nous voulons indiquer fermement quelle fut et quelle doit rester la mission de notre glorieuse littérature. M. Dalimier, prenant à son tour la parole, sut dire en beaux termes qu'à

Travaux des Ecoles primaires supérieures (1917).
(Cl. J. Sylvestre.)

l'action souveraine des idées répandues par nos écrivains qui s'inspireront de l'exemple des jeunes héros tombés, s'associera heureusement l'activité économique, que Lyon, par sa lutte vaillamment entreprise contre Leipzig, a voulu réveiller dans tout le pays.

Puis M. Decourcelle, célébrant la gloire du livre, du livre arme contre le mensonge et la barbarie, et lui assignant désormais entre autres missions celle d'éterniser dans l'histoire l'horreur des crimes allemands, indiqua quel rude combat nous devions mener pour regagner dans ce domaine notre supériorité de jadis, celle que détenait l'imprimerie lyonnaise dans les siècles passés, et que depuis cinquante ans l'Allemagne avait su accaparer. Et après que M. Haraucourt, le poète admiré, eut, dans un bel aperçu lyrique, dressé l'art pur de nos cathédrales et de nos livres nobles et humains en face de l'art contorsionné et sans goût des prétendus surhommes, après la lecture par M. Rodocanachi d'une étude de M. Rosny sur le roman social de l'avenir, la parole fut donnée à M. Maurice Barrès.

Evoquant au milieu de l'assistance, et aux places d'honneur, ceux que l'on pleurait et dont on devait méditer le grand exemple en cette journée, l'orateur rappela avec émotion que plus de deux cent cinquante hommes de lettres étaient tombés sur les champs de bataille depuis moins de deux ans; et, après avoir rendu un premier hommage aux jeunes Lyonnais Lintier et

Ruplinger, il retraça de façon saisissante les derniers moments de Charles Péguy, d'Ernest Psichari et du commandant Driant. Il résuma leur carrière littéraire, admirable parce qu'ils avaient voulu mettre dans leurs œuvres tout ce qu'ils avaient en eux d'intelligence et de cœur; et voici pourtant qu'en ces jours tragiques ils ont donné quelque chose de plus pur encore en se sacrifiant à la patrie, pour faire naître de leur sang la victoire de demain.

M. Barrès vit par l'attitude de son auditoire et ses applaudissements à quel point il avait su l'émouvoir. Et c'est sous cette impression que l'on écouta plusieurs artistes de la Comédie-Française réciter quelques pages des écrivains morts pour la France. Ainsi se termina cette belle et imposante séance.

Le lendemain, 26 avril, les libraires et imprimeurs parisiens et lyonnais se réunirent dans la matinée à l'Hôtel de la Mutualité en un congrès préparatoire, sous la présidence du sous-secrétaire d'Etat aux Beaux-Arts. Sans prétendre à résoudre les vastes et complexes questions qui s'imposent à l'attention des éditeurs français, s'ils veulent lutter avec succès contre la prédominance allemande, l'on se borna à tracer un programme d'action et à nommer un comité technique pour préparer le futur congrès de toutes les industries du livre, congrès destiné à se réunir sans doute à Paris.

Le soir eut lieu au Grand-Théâtre une fort belle

représentation de *Britannicus* avec les meilleurs artistes de la Comédie-Française : MM. de Max, Mme Segond-Weber, MM. Silvain et Leitner. Heureuse idée que celle de représenter une de nos grandes œuvres classiques, en exemple du génie littéraire français, du moment qu'il s'agissait de célébrer notre séculaire influence dans le domaine des pures formes de la pensée, et de chercher à la maintenir à jamais.

Cette influence a tenu, depuis que la France existe, à ce que sa littérature a perpétué, plus que toute autre en Europe, les solides traditions du génie latin. Aussi est-ce avec le plus vif intérêt que l'on accourut en grand nombre le lendemain 27 avril, entendre, dans la salle du Conservatoire, quai de Bondy, M. Guglielmo Ferrero, l'historien bien connu, professeur à l'Université de Turin, dont la conférence annoncée avait pour sujet précisément « le Génie latin ». On sait toute la prédilection que ce savant maître, ce grand écrivain, éprouve et manifeste si souvent à l'égard des lettres françaises. Son éloquence fut, ce soir-là, aussi captivante que jamais, et son hommage à la France, gardienne, avec l'Italie, de la sagesse et de la beauté antiques, pénétra le cœur de tous les assistants.

L'Espagne méritait aussi d'être associée à cette célébration du génie latin. Un concert fut organisé le samedi 29 avril, à l'exécution des œuvres de Granados, le grand compositeur espagnol, victime du torpillage du *Sussex*, en même temps qu'à celle des plus belles pages musicales du jeune maître français Albéric Magnard, tué à l'ennemi. La municipalité lyonnaise avait invité la municipalité de Barcelone à assister à cette séance. Elle reçut en réponse un télégramme exprimant des regrets émus de ne pouvoir se rendre à une invitation qui témoignait une fois de plus des sentiments de confraternité unissant depuis longtemps et indissolublement les deux cités.

Enfin, le mardi 2 mai, la Semaine du livre se termina par une fort belle conférence de M. Emile Boutroux, le philosophe éminent, professeur à la Sorbonne, dont un des premiers mérites est d'avoir déterminé en France une salutaire renaissance spiritualiste en face des conceptions à la fois nuageuses et matérialistes importées d'Allemagne et depuis trop longtemps en crédit chez nous. Devant une nombreuse assistance, composée de l'élite intellectuelle lyonnaise M. Boutroux, après avoir reconnu à la cité de Lyon, le privilège d'avoir associé de tout temps le culte du travail à celui de l'idéal, opposa l'idéal classique, fait de mesure, de goût, de tolérance, à l'idéal germanique avili par la servilité et la brutalité, et montra la civilisation gréco-romaine ici entretenue et perfectionnée, là-bas déformée et étouffée partout, qu'il s'agisse d'éducation, d'idées sur le sens de la vie humaine, de respect de la mort et des morts, ou de l'organisation générale de la société. Rien n'eût mieux démontré la nécessité de répandre avec un zèle plus grand qu'auparavant notre pensée, nos sentiments, notre culture humaine et bienfaisante à travers le monde par le livre français, multiplié, et diminuant d'autant la propagation malfaisante du livre allemand imprégné de *Kultur*.

Préparation des Foires annuelles suivantes. — Le but auquel avaient tendu les généreux efforts des organisateurs de la Foire lyonnaise était donc atteint. Quelques mois avaient suffi pour mettre sur pied l'entreprise, y intéresser la ville, puis le gouvernement, puis la France entière, puis le monde entier, en dehors de l'Allemagne et de ses amis. Un grand marché international était créé à Lyon, mettant en mouvement des transactions aussi multiples qu'importantes et variées. On avait droit, semble-t-il, après tant de travail, à quelque temps de repos satisfait. Il n'en fut rien. L'effort, pour demeurer efficace, doit se renouveler sans cesse, surtout lorsqu'il s'agit de lutter, chacun dans son rôle, pour une victoire nécessaire, que l'univers attend. Le Comité de la Foire, aussitôt le marché de 1916 fermé, se mit à l'œuvre pour celui de 1917.

Le 31 mars, dans une première séance de reprise, à l'Hôtel de Ville, cette assemblée, composée comme nous savons, de délégués mandatés par les groupements commerciaux, les institutions officielles et les corps élus de la cité et du département, en présence du nombre et de la complexité, appelés à grandir sans cesse, des problèmes à résoudre, décida de répartir le travail d'organisation entre plusieurs services fixes et strictement définis, qui seraient dirigés chacun par un membre du Comité. Ces services, en dehors de l'*Office de centralisation et de contrôle*, présidé par l'administrateur délégué, M. Victor, furent au nombre de quatre, remaniement des primitives sous-commissions :

1° Le service de la *Propagande et du Recrutement*, dirigé par M. Rivoire, pour amener à la prochaine Foire fabricants et producteurs.

2° Le service de la *Publicité*, pour y amener les commerçants détaillants destinés à devenir les clients des fabricants participants. En somme, service des acheteurs, à côté du service précédent, des vendeurs : Chef de ce service, M. Biron.

3° Le service des *Transports et des Logements* : Directeur, M. Tribolet.

4° Le service du *Classement et du Catalogue*, pour le classement en groupes par professions, origines, spécialités, afin de faciliter la recherche des articles demandés et pour la commodité des visiteurs. Ce soin fut confié à M. Fougère.

Cette division du travail garantirait assurément la réalisation de la formule proposée : *un maximum d'affaires sur le minimum d'espace, dans le minimum de temps, et avec le minimum de frais.*

On trouvera dans quatre numéros consécutifs (1) du *Bulletin Officiel de la Foire de Lyon*, l'explication du fonctionnement de ces divers services, et l'exposé des résultats dès lors acquis, sous le titre général : *Comment on organise une foire* ; articles rédigés par les chefs de services eux-mêmes, MM. Biron, Fougère et Tribolet. Nous verrons en effet, en jetant plus loin un coup d'œil sur la Foire de 1917, les progrès accomplis depuis l'année précédente dans l'organisation, soit du classement des exposants, soit des logements offerts aux visiteurs comme aux participants, et cela grâce au zèle et à l'habileté de MM. Fougère et Tribolet, ainsi que de leurs collaborateurs.

Organisation de la propagande par régions et nations. — L'exposé de M. Biron (*Bulletin* de novembre 1916) rend compte de la méthode employée par M. Rivoire et par lui-même pour le recrutement des adhérents et pour la publicité. Elle se résume en trois mots: activité, discernement, prudence. Il convient, dans la recherche des adhérents, de savoir non seulement les trouver, mais les juger un peu d'avance, et les attirer sans les importuner. D'où nécessité d'une division géographique du travail pour que chaque région puisse avoir ses recruteurs dûment qualifiés.

(1) Octobre 1916 à janvier 1917.

Ces régions furent au nombre de quatre pour la France (1), et pour l'étranger comprirent chacune une nation ou un groupe de nations, suivant l'importance des relations existantes ou possibles avec les unes et les autres. Voici par région la liste des personnalités chargées de la propagande pour 1917, et choisies, soit au sein, soit en dehors du Comité de la Foire :

France nord. — M. Pétrier, industriel, administrateur de la Société de la Foire, membre de la Ligue des Intérêts français.

France sud. — M. Brunier E., négociant, membre de la Chambre de Commerce.

Paris et région parisienne (Seine, Seine-et-Oise, Seine-et-Marne). — M. A. Rivoire, négociant, vice-président de la Société de la Foire, membre de la Chambre de Commerce.

Lyon et région lyonnaise. — M. Mermillon, négociant, conseiller général du Rhône.

Afrique du Nord. — M. Birot, président de l'Association coloniale de l'Afrique française.

Algérie. — M. Pinguely, président de la section algérienne de l'Association coloniale française.

Tunisie. — M. Boussand, président de la section tunisienne de l'Association coloniale de l'Afrique française.

(1) Nord, Sud, Paris et région parisienne, Lyon et région lyonnaise.

Exposition de l'enseignement technique (1917).
(*Cl. J. Sylvestre.*)

Maroc. — M. PORTE, président de la section marocaine de l'Association coloniale française.

Angleterre. — M. ROBATEL, industriel, membre de la Chambre de Commerce de Lyon.

M. ENGELHARD, conseiller du Commerce extérieur.

Argentine. — M. Ch. CABAUD, négociant, consul impérial de Russie, vice-président de la Société de la Foire.

Amérique du Sud (sauf Argentine et Uruguay). — M. A. LUMIÈRE, industriel, consul du Paraguay.

Chine et Japon. — M. AUDINET, commission, exportation.

Egypte. — M. PORTE, président de la section marocaine de l'Association coloniale française.

Espagne et Portugal. — M. TRIBOLET, adjoint au maire de Lyon.

Etats-Unis. — M. REVOL, négociant.

M. GARDEN, représentant.

Hollande. — M. PIERSON, commission, exportation.

Italie. — M. FOUGÈRE, négociant, conseiller général du Rhône.

Indes anglaises. — M. BROWN, négociant.

Indo-Chine. — M. CABAUD, industriel, consul impérial de Russie, vice-président de la Société de la Foire.

Suède et Danemark. — M. Robatel, industriel, membre de la Chambre de Commerce de Lyon.

M. Piou de Saint-Gilles, ingénieur.

Norvège. — M. Robatel, industriel, membre de la Chambre de Commerce de Lyon.

Russie. — M. Ch. Cabaud, industriel, consul impérial de Russie, vice-président de la Foire.

Uruguay. — M. Ch. Cabaud, industriel, consul impérial de Russie, vice-président de la Société de la Foire.

Suisse. — M. Arlaud, photographe d'art, membre de la Ligue de Défense des Intérêts français. — Adjoint, M. Poncet, notaire, rue du Rhône, à Genève.

Une large initiative est laissée à chacun des délégués principaux, qui choisissent eux-mêmes leurs subdélégués, c'est-à-dire dans chaque pays des représentants appartenant à cette nationalité, traitent avec les courtiers, ou agents divers dont ils fixent s'il y a lieu la rétribution, l'approvisionnement en brochures, etc., indiquent aussi quels organes professionnels ou politiques il y a lieu d'utiliser, et mettent en rapport avec eux le chef du service et le Comité. En France, ils utilisent souvent le concours des industriels eux-mêmes, et d'abord de ceux qui, dans chacun des cinquante-trois groupes professionnels établis par les participants, ont consenti à être *chefs de groupes* et à faire une propagande dans le milieu commercial auquel le groupe appartient.

Pour la propagande à l'étranger, on ne s'est donc pas contenté, comme on voit, de faire appel aux Institutions gouvernementales : Service de propagande du Ministère des Affaires Etrangères, Maison de la Presse, Office national du Commerce extérieur, Corps diplomatique, Agents consulaires français. L'on s'est d'abord aidé soi-même, et le concours d'en haut n'en a été que bien plus disposé à venir en aide à l'entreprise. C'est ainsi que l'Office national du Commerce extérieur s'est chargé lui-même, et par l'action personnelle de son directeur, M. Mercier, à qui la Foire de Lyon doit pour une bonne part son grand succès, de fournir la documentation nécessaire à la répartition des brochures par Etat et par Consulat. Quant aux agents consulaires, ils ont, avec le plus grand zèle, assuré cette distribution, et donné les renseignements officiels sur la situation de chaque pays à l'égard des affaires, — tandis que le Corps diplomatique facilite de tout son pouvoir la constitution dans chaque nation d'un Comité national de patronage pour la Foire, composé des plus hautes et des plus influentes personnalités, que séduit et convainc cette forte association de l'action privée et de l'appui public.

La Suisse. — C'est dans un pays voisin, où nous avons des amis en majorité, malgré toutes les influences allemandes qui cherchent à nous y faire échec, — la Suisse, — qu'il était particulièrement important d'organiser une propagande active, énergique et avenante à la fois. Voici les noms des Membres du Comité national suisse, formé pour aider à l'action des deux commissaires choisis, MM. Arlaud et Poncet :

Président : M. A. Oppeliguer, de la maison Oppeliguer et Krey, rue du Marché, 37, Berne.

Vice-président : M. Meierhofer, directeur de la Société du bronze, Turgi.

Caissier : M. Eug. Failletaz, président de la Chambre de Commerce, Lausanne.

Secrétaire : M. M.-P. Recordon, de la maison P. Recordon et Cie, Lausanne.

Membres : M. Gust Megemand, secrétaire de la Chambre de Commerce, Genève ;

M. G. Sunier, secrétaire de la Chambre de Commerce, 34, rue Léopold-Robert, Chaux-de-Fonds ;

M. Adrien Grobet, directeur des Usines métallurgiques, Vallorbe ;

M. Jules Neher, directeur de la Motosacoche, Genève ;

M. John Pochelon, bijoutier, 2, rue Fusterie, Genève ;

M. Ch. Schinz, de l'Industrie neuchâteloise du jouet, 10, rue Saint-Maurice, Neuchâtel ;

M. Georges Huguenin, de la maison Huguenin frères et Cie, Le Locle.

PRÉSIDENTS DES COMITÉS LOCAUX SE RATTACHANT AU COMITÉ CENTRAL.

Canton de Genève : M. Ph. Albert, 2, rue du Rhône, Genève.

Canton de Vaud : M. Eug. Failletaz, 3, rue Pichard, Lausanne.

Canton de Neuchâtel : M. Sunier, 34, rue Léopold-Robert, Chaux-de-Fonds.

Cantons de Fribourg et Valais : M. Raymond de Girard, 39, avenue de Perolles, Fribourg.

Cantons de Berne et Soleure : M. A. Diem, Préfecture, rue de l'Hôpital, Bienne.

Cantons de Zurich, Argovie, Lucerne, Zoug, Uri, Schwitz et Unterwald, M. A. Laquai, Neumuhlequai, 8, Zurich.

Canton du Tessin : se rattache au Comité régional de Zurich, adresse : Chambre de Commerce de Lugano, Pallazo delle Dogano, Lugano.

Cantons de Saint-Gall : Schaffouse, Thurgovie, Appenzell, Glaris et Grisons. M. le docteur Schindler, président du Tribunal à Glaris ; adresser toutes les correspondances au secrétariat : M. G. Baillet, 26, Speisergasse, Saint-Gall.

Canton de Bâle : pas de comité ; M. le docteur Furlan, rédacteur commercial des *Basler Nachrichten*, représente le comité national, Bâle.

On sait à quelles nombreuses difficultés a donné lieu l'appréhension trop justifiée de la contrebande exercée en Suisse au profit de l'Allemagne contre le blocus économique institué par les Alliés. On sait aussi que pour enrayer cette contrebande, ceux-ci organisèrent un contrôle de leurs exportations, d'accord avec le gouvernement helvétique. Ainsi fut créée la *Société de surveillance Suisse économique*, désignée couramment par ses simples initiales S. S. S. Elle veille à ce que toute marchandise de provenance *alliée* que la Suisse importe soit, ou consommée, ou travaillée en Suisse. A cet effet, elle a provoqué le groupement des différentes industries de ce pays en syndicats responsables qui doivent exiger de chacun de leurs membres un apport social de 1.000 francs et une caution pour chaque demande d'importation.

Cette mesure avec toutes ses conséquences, pour indispensable qu'elle fût, n'en comporta pas moins certains inconvénients par lesquels un assez grand nombre des membres de syndicats se trouvèrent lésés : inégalité dans la répartition des contingents revenant à chacun, indiscrétions professionnelles, taux jugé excessif de la part sociale et de la caution, lenteur et abus des formalités de la part de l'administration française des douanes ; enfin, présence dans les syndicats de commerçants et d'industriels allemands établis en Suisse, rendant trop souvent vaine l'institution même de la S. S. S., et tournant fréquemment aussi à une sorte de bravade à l'égard des Français qui faisaient, en vertu de l'organisation, également partie des syndicats.

C'est pour parer à ces inconvénients, pour les atténuer, supprimer même complètement certains d'entre eux, que le Comité de la Foire de Lyon décida, sur l'initiative de M. Herriot, de faire procéder par une Commission instituée par lui, à une enquête en Suisse sur le fonctionnement de la S. S. S. La Commission se composa de :

MM. *Boiteux*, de la Société Descours et Cabaud, produits métallurgiques ;

E. Fougère, fabricant de soieries, Conseiller général du Rhône ;

Rigollet, mégissier ;

Schneider, de la maison Lumière, Jougla et Cie, fabrique de produits photographiques et pharmaceutiques.

Cette Commission fit une enquête approfondie sur place, à Genève, Lenzburg, Schœnenwerd, Drugg, Zurich, Bâle et Berne, où elle fut reçue, partout, avec la plus grande sympathie ; elle eut en outre, en terminant, deux longues conférences avec la direction de la S. S. S. Le 20 juin 1916, de retour à Lyon, elle soumit au Comité un rapport (1) très substantiel,

---

(1) Publié *in extenso* dans le *Bulletin de la Foire* du mois d'août 1916.

rédigé par M. Etienne Fougère, et dont les conclusions étaient que la S. S. S. remplissait en somme de façon satisfaisante le rôle pour lequel elle avait été créée, mais qu'il était essentiel de faciliter sa tâche en simplifiant les formalités d'autorisation à exporter, ainsi que du contrôle en douane, en obtenant, pour les Français établis en Suisse, le droit de se grouper en syndicat et de recevoir des marchandises hors contingent, enfin de développer méthodiquement et sans relâche notre activité commerciale en Suisse, en contrebalançant l'influence allemande et en bénéficiant des bonnes volontés évidentes qui ne demandent qu'à s'exercer pour nous dans ce pays.

Ainsi furent jetées les bases de l'organisation, dont il est parlé plus haut, du Comité national suisse, destiné à favoriser ces résultats. Celui-ci poursuit son œuvre, et si toutes difficultés ne sont pas encore entièrement aplanies, ce qui tient à la durée imprévue et anormale du conflit européen, à la situation de plus en plus épineuse de la Suisse, pays neutre, enserré entre quatre Etats belligérants, la sympathie demeure inaltérée entre elle et la France, et les relations commerciales, comme a pu l'attester la Foire de Lyon en 1917, donnent les plus belles promesses pour l'ère prochaine de la paix.

Nous n'entrerons pas dans les détails de cette œuvre des délégués; qu'il nous suffise de savoir que chez les neutres et alliés, aussi bien qu'en Suisse, cette œuvre a été féconde. Et la meilleure preuve en est encore dans les résultats de la Foire.

Cannetières de l'Universal Winding Company (Boston).
(*Cl. Arland.*)

La Russie. — Il faut compter aussi pour beaucoup les visites de représentants importants de chaque nation, venus à Lyon, soit isolément, soit par délégations collectives, et reçus au Comité, presque toujours solennellement. Dans ces réunions vraiment réconfortantes par les effusions d'amitié qui s'y manifestaient, des accords durables se sont conclus, des projets d'action commune se sont décidés, certaines difficultés aussi se sont mieux aperçues, tandis que l'on envisageait les moyens de les vaincre. S'ajoutant à l'action du Comité lui-même et des visites officielles, des conférences, des conversations qu'allèrent inaugurer et entretenir dans les pays mêmes plusieurs de ses membres et en particulier le maire de notre ville, ces rencontres à Lyon produisirent chaque fois les plus ostensibles et les plus heureuses conséquences.

Une des plus significatives et des plus efficaces de ces cérémonies fut, le 27 juin 1916, celle de la réception, par le Comité, de M. Pokrowsky, contrôleur général de l'empire russe (1), président de la Délégation russe à

(1) La triste défaillance de notre ancienne alliée, la Russie, les bouleversements politiques, les compromissions avec l'ennemi qui ont précédé, accompagné, suivi cette défaillance, et qui n'ont, hélas ! que trop continué, enlèvent à ces lignes beaucoup de leur portée. Et pourtant, rien ne doit être regretté, ni jugé inutile des démarches et des confiants engagements d'alors. Le peuple russe saura sans doute un jour reconnaître où sont encore ses véritables amis ; les gestes et les paroles de sympathie échangés remonteront des profondeurs du souvenir pour ramener le sentiment des intérêts bien entendus. Nous ne changerons donc rien à cet exposé.

la Conférence économique des Alliés, accompagné de M. Heymann, délégué à cette même conférence, et de M. Batschef, délégué en France du ministère russe du Commerce et de l'Industrie. Ce fut M. Herriot, sénateur, maire de Lyon, qui lui souhaita la bienvenue. Dans son discours, reproduit par le *Bulletin de la Foire* du mois de juillet, il fit ressortir quels intérêts économiques, industriels et commerciaux unissaient les deux pays, et quelle urgence il y avait à cimenter les relations d'affection, déjà bien solides, par des relations de travail, pour assurer la suprématie du commerce des alliés sur le commerce des empires centraux. La Foire de Lyon étant un instrument préparé et déjà mis en œuvre, il importait que M. Pokrowsky et ses collègues voulussent bien dire aux commerçants russes que nous sommes tout prêts à les aider de toutes nos forces, pour qu'ils supplantent chez nous les Allemands, dont nous ne voulons plus, et qu'il existe désormais un marché à l'Occident de l'Europe, ouvert pour les transactions entre les alliés et auquel les Russes sont tout spécialement conviés. Ainsi le Comité France-Russie, fondé à Paris quelques jours auparavant, dont M. Herriot lui-même était président, et dont un membre éminent, M. Charles Roux, était là présent, aurait tout de suite une base d'action, en attendant une association correspondante en Russie sous la forme d'un Comité Russie-France.

M. Pokrowsky répondit en excellent français qu'il

s'engageait à rapporter dans sa patrie les paroles qu'il venait d'entendre, et à les y répéter partout. « C'est à Lyon, dit-il, que j'ai vu les progrès extraordinaires du génie et de l'énergie de la France. » Il ajouta que sa nation apporterait avec joie les produits de son sol et de son industrie en France ; et tandis que les industriels français pourraient venir aider les Russes de leur expérience, les industriels russes se déplaceraient aussi de grand cœur pour venir voir la Foire de Lyon.

Quelques mots furent encore prononcés par M. Herriot au cours de la conversation qui s'engagea entre les délégués russes et les membres du Comité. Il indiqua, entre autres transactions commerciales à effectuer entre les deux pays, les machines agricoles à fournir par la France, et les fourrures par la Russie. « Que désormais ne rentrent plus en Allemagne, ni vos fourrures, ni notre argent ! ». Enfin il fut parlé des conventions douanières, des tarifs à modifier, et de la création possible d'un bureau des douanes à Lyon même. De toutes ces idées, M. Pokrowsky promit de se faire l'interprète auprès de son gouvernement.

La parole fut tenue. L'influence de M. Pokrowsky, l'activité du *Comité France-Russie*, l'action personnelle du délégué spécial, M. Cabaud, consul de Russie, vice-président du Comité de la Foire, s'exercèrent avec constance (1). Il y eut en 1917 de la part de la Russie

(1) Entre autres résultats significatifs, et sans parler de l'acceptation par M. Iwolsky, ambassadeur de Russie, du titre de président

quelques participations de plus. On y vit entre autres figurer officiellement la représentation du Ministère de l'Agriculture, et du Comité des commerçants de Nijni. Mais plus que pour toutes les nations alliées, les difficultés de transport en France existaient pour la Russie au cours de la guerre. L'imminence du bouleversement politique paralysait au surplus l'activité du peuple russe à l'extérieur, on ne l'a malheureusement que trop constaté. Mais toute semence finit par germer. Et quand la tourmente aura cessé, on sentira, là comme ailleurs, grâce à la persévérance d'un effort que rien ne doit décourager, le bon grain lever et la récolte s'annoncer.

---

d'honneur du Comité, voici un télégramme reçu de Pétrograd, le 16 octobre 1916 :

AMBASSADE IMPÉRIALE
DE RUSSIE

Monsieur le Sénateur,

Par votre lettre en date du 10 courant, vous avez bien voulu me demander, comme président du Comité d'organisation de la Foire d'échantillons de Lyon et au nom des membres de ce Comité, d'assumer la présidence d'honneur de ladite organisation.

Appréciant hautement cette très intéressante initiative, qui ne manquera pas, j'en suis certain, de donner un nouvel essor aux relations économiques entre nos deux pays alliés, en faisant échec au commerce des puissances ennemies, j'ai l'honneur de vous remercier vivement de votre aimable proposition et m'empresse de vous faire connaître que j'y acquiesce avec plaisir.

Veuillez agréer, Monsieur le Sénateur, l'assurance de ma haute considération.

Signé : IWOLSKY.

Le Canada. — Quelques jours après la réception des délégués russes, eut lieu celle d'une mission commerciale canadienne, le vendredi 30 juin 1916, en présence de M. le Préfet du Rhône et de M. Plissonnier, député de l'Isère. On sait tout le fruit qui peut nous revenir, ainsi qu'au Canada lui-même, de relations commerciales plus fréquentes et plus étendues entre les deux pays, par la possibilité, soit d'y créer un important débouché de nos produits nationaux manufacturés, ou de ceux de nos alliés, d'outils et de machines agricoles, soit d'importer en Europe par le moyen des transactions à la Foire de Lyon, les fourrures, l'amiante, le nickel, métal dont les gisements sont là-bas des plus importants, et dont l'exploitation n'est encore qu'à ses débuts. Enfin, le terrain d'une entente commerciale entre le Canada et nous y demeure tout préparé depuis la lointaine époque où nous y avions notre plus florissante colonie. Le Canadien est toujours Français de cœur, et parmi les troupes de nos alliés anglais qui nous aident avec tant de vaillance à libérer notre sol, il n'en est pas de plus ardentes à l'œuvre et de plus fières à l'accomplir que les phalanges canadiennes, où figurent des fils des Champlain et des Montcalm. M. le maire de Lyon voulut, dès le début de son discours de bienvenue à MM. Woods et Beaubien, sénateurs du Canada, qui lui présentaient les membres de la mission, rappeler le mot d'un intendant de province au roi Louis XIV au sujet de ce lointain pays : « Sire, cette terre verra un jour quelque chose de très grand. » Cet intendant entrevoyait-il ce qui vient de se passer, des centaines de mille hommes se levant de cette terre pour voler au secours de la terre de France? — Et M. Beaubien répondant à ce souvenir évoqué par M. Herriot, eut à cœur de témoigner du sentiment indéfectible de ses concitoyens : « Dans nos chants nationaux, nous crions "Vive la France!" et nous murmurons dans nos églises "Dieu sauve la France!" ».

M. Woods, avec autant de conviction que d'à-propos, parlant du lien commercial prêt à se resserrer puissamment par l'intermédiaire de la Foire de Lyon, entre Etats-Unis, France, Angleterre, et Canada, montra celui-ci ami et voisin des premiers, fils de celle-ci, conjoint de celle-là, et par conséquent trait d'union naturel entre eux tous.

Le Japon. — D'une portée non moins grande, et d'un éclat encore plus remarqué peut-être fut la réception que fit le Comité de la Foire à Son Excellence le baron Sakatani, ancien ministre des Finances du Japon, Président de la délégation japonaise à la Conférence économique des Alliés, accompagné des Membres de cette mission, le 16 août 1916.

Quelques semaines auparavant, le 18 juin, était venue à Lyon une première délégation japonaise, composée de S. E. l'ambassadeur du Japon à Paris et de Mme Matsuy, de M. le commandant Matsumura, attaché naval à Paris, du capitaine Sibuya, attaché militaire, et de M. Yamasaki, secrétaire d'ambassade. A cette délégation s'étaient joints M. Gérard, ancien ambassadeur de France à Tokio, M. le général Lebon, ancien ministre de la guerre, qui contribua à réorganiser l'armée japonaise ; M. Bertin, membre de l'Institut, ingénieur de la marine, jadis chargé de mission au Japon; M. Labbé, secrétaire du Comité de l'*Effort français* et de ses alliés. Une brillante réunion s'était tenue au palais du quai de Bondy où, en présence de la délégation, un public nombreux comprenant les plus hautes personnalités lyonnaises avait écouté et applaudi une captivante conférence de M. Gérard, sur l'histoire contemporaine du Japon, sur ses relations anciennes et cordiales avec la ville de Lyon, grâce au commerce de la soie, et sur l'union étroite contractée désormais par ce grand empire avec la France entière, pour contribuer à défendre contre un despotisme barbare le droit, la civilisation et l'avenir de l'humanité. L'orateur avait rappelé l'élan spontané qui avait porté le Japon à se solidariser complètement avec les nations alliées, malgré ses différends de naguère avec l'une d'elles, la glorieuse action de sa flotte, le travail aussitôt entrepris pour fabriquer des munitions et des canons précisément à l'usage de ses anciens rivaux, enfin la générosité et la noblesse de cet effort, dont il importera de se souvenir toujours. Et dans des toasts échangés le soir du banquet offert à à la délégation par la Chambre de Commerce et le Comité de la Foire, M. l'ambassadeur Matsuy ayant exprimé toute son admiration et celle de son pays pour la vaillance française, tout son désir de la victoire finale, M. Herriot avait dit combien les deux nations, sœurs par la souplesse et la finesse de leur génie, par la délicatesse de leur pensée et de leur art, par leur sens de l'honneur, par leur héroïsme, étaient faites pour s'entendre sur tous les terrains et en particulier sur le terrain économique, qu'il fallait aussitôt cultiver en commun. Dès le lendemain, par l'initiative du Comité de l'*Effort français* et du Comité de la Foire, s'était constitué à Lyon un *Comité franco-japonais*, pour resserrer plus fermement, plus continûment les liens entre Lyonnais et Japonais, nombreux déjà, habitant Lyon ou désireux d'y venir. M. le Recteur de l'Université était choisi pour président de l'Association nouvelle, avec, pour secrétaire, M. Focillon, professeur à la Faculté des Lettres, directeur des Musées municipaux, et auteur de pénétrantes études sur l'art japonais.

Or, à cette manifestation du mois de juin M. le baron Sakatani n'avait pu prendre part, retenu par les travaux de la Conférence économique. En lui souhaitant la bienvenue au nom du Comité franco-japonais et du Comité de la Foire, dans la salle des délibérations du Conseil municipal de Lyon, M. Herriot lui témoigna les regrets qu'en avaient éprouvés les habitants de ce Lyon, que l'on peut définir la capitale des relations entre la France et le Japon. « Nous sommes, dit-il, unis au

Perspective du quai de la Tête-d'Or (1917).
(*Cl. Jo et Bé.*)

Japon, par un lieu à la fois très doux et très fort, puisque c'est le lien de la soie. » Chaque année, à des époques fixes, sur tels points déterminés, entre autres notre champ de foire, Français et Japonais pourront se rencontrer, sous les auspices du Comité nouvellement fondé, pour échanger des idées, pour discuter et lier de nouveaux contrats. L'importance du rôle que joue le Japon dans le grand drame mondial qui se déroule à cette heure garantit le développement futur, très désiré, des relations intellectuelles et commerciales entre les deux pays.

M. Sakatani confirma, en termes élevés, ces paroles de concorde et d'amitié. Il constata, lui aussi, la ressemblance des caractères nationaux ; nulle part, mieux qu'au Japon, l'héroïsme de la Marne et de Verdun n'a été compris et admiré ; nulle part la France, et dans la France, Lyon, si *riche en hommes*, ne sont plus aimés. « C'est une grande joie pour nous, conclut-il, que de voir réunis et associés aux efforts du Comité les organisateurs de cette Foire de Lyon, déjà célèbre au loin, et qui ne manquera pas d'agrandir ses succès. Dès notre retour au Japon, nous saurons dire quelle forte et puissante organisation elle manifeste à son origine, et nous vous promettons d'agir de notre mieux pour y intéresser nos nationaux. »

Ainsi l'œuvre lyonnaise poursuivait la série de ses résultats. Ces paroles échangées étaient vraiment des actes, car c'étaient des engagements solennellement pris de part et d'autre, qui se tiennent, et qui de jour en jour amplifient leurs effets.

Les Etats-Unis. — Une autre manifestation de sympathie et de désir de travail en commun allait venir le mois suivant des Etats-Unis, par l'intermédiaire de la mission américaine envoyée en France précisément dans l'intention de nouer des relations commerciales avec les diverses régions de notre pays. Un stage à Lyon était naturellement dans le programme du voyage de ces représentants, en tête desquels venait M. W. Nichols, président de la mission, vice-président de l'*American Manufacturers Export Association* ; comme lui, ceux qui l'accompagnaient comptent parmi les plus notables industriels, négociants et ingénieurs des Etats-Unis, entre autres : MM. Farquhan, vice-président de la Chambre de Commerce nationale ; Butler, un des grands métallurgistes d'Amérique ; Pfeiffer, négociant à New-York, membre de la Chambre de Commerce nationale ; avec eux M. E. Garden, secrétaire français, délégué officiel du Comité de la Foire de Lyon aux Etats-Unis.

A une belle réception organisée à la Chambre de Commerce, et à une visite au musée des Tissus, puis aux ateliers militaires de l'Exposition, succéda une réunion constituée, en l'absence de M. le Maire de Lyon, à l'hôtel Terminus, avant le départ de la mission, par M. A. Lignon, président de la Société de la Foire, et ses collègues : MM. Cabaud, Rivoire, vice-présidents ; Victor, administrateur délégué ; Brunier, Péronnet, Biron, Tribolet, Revol, Chalumeau, professeur Courmont, et Serlin, secrétaire général de la mairie. Une conversation des plus intéressantes s'engagea, dirigée par M. Pfeiffer, qui se fit l'interprète de la pensée de tous les membres de la mission présents. Il exposa le but de celle-ci, consistant à alléger la tâche des gouvernements appliqués à rapprocher et à unir leurs peuples, but atteint pratiquement par le contact direct des industriels entre eux, avec échange de renseignements et consultations mutuelles : l'Amérique et la France désirant par tous les moyens concourir sans se nuire sur tous les marchés du monde. En ce qui concerne la Foire de Lyon, les Américains en admirent les remarquables résultats du début et en augurent le splendide avenir. Ils engageraient ses organisateurs à en développer l'éclat extérieur, à l'annoncer dans le monde par l'affiche très répandue, à en lier les attractions à celles du tourisme dans les régions françaises voisines de Lyon. L'art français, d'autre part, est incomparable ; il s'agirait de l'industrialiser davantage, et c'est un des buts à poursuivre pour la Foire de Lyon. En vue de faciliter les relations des deux pays, il importe, déclara M. Cabaud, spécialement pour l'échange des produits métallurgiques, de combiner les moyens de transport ; la plupart des lignes avaient été accaparées par nos ennemis. Il y a là une place qui pourrait être prise par les Etats-Unis, d'accord avec nous. On pourrait avoir des lignes communes, mais l'important serait, selon Mr. Pfeiffer, de créer, comme l'on commence à s'en occuper aux Etats-Unis, une flotte de marine marchande. Et l'on s'entretint encore de divers produits à la fabrication desquels la France et les Etats-Unis pourraient s'adonner désormais pour supplanter l'Allemagne : matières colorantes, quartz fondu, métaux bruts et alliages. Les Associations de Chambres de Commerce, fait établi grâce à l'initiative de la Foire de Lyon, contribueront grandement à la mise au point de toutes ces questions et à leur mise en pratique. L'adoption du système métrique par les Etats-Unis y aiderait grandement aussi.

Un déjeuner suivit la réunion et fut clos par des toasts empreints de chaude cordialité. Ainsi que sut le dire spirituellement M. Lignon, la reconstitution de la vigne française par la vigne américaine est un symbole qui engage à généraliser cette connexion « afin que se retrouve dans la jeune sève américaine de quoi greffer les précieuses ressources de la sève française ».

Cette réunion, encore que bien courte, permit donc de poser de très solides jalons pour la participation des Etats-Unis au mouvement commercial de notre Foire. Déjà, grâce à MM. Garden et Revol, cités plus haut, à M. Long, entrepreneur américain, qui avait, dès le mois précédent, offert son concours pour la propagande, tout spécialement auprès des Chambres de Commerce, l'action était mise en marche. L'entrée des Etats-Unis dans le concert des puissances belligérantes, décidées à mettre un terme aux ambitions dominatrices des empires centraux, est à présent la garantie la plus sûre de l'entente commerciale. Lyon saura faire fructifier désormais sans cesse par les relations particulières amicales ce que l'accord général des deux nations américaine et française offre comme domaine fertile à entretenir en commun.

L'Amérique latine. — Dans la lutte gigantesque engagée en 1914, et depuis lors de plus en plus acharnée, le monde entier s'est effectivement divisé en deux camps ; dans celui qui s'est assigné le noble rôle de défendre la civilisation contre la barbarie, si l'on n'a malheureusement pas vu figurer une des plus vieilles nations héritières de la tradition latine, l'Espagne, une compensation à cette regrettable absence a été offerte par le groupe des peuples du Nouveau Monde, issus d'elle. L'Amérique latine, même avant toute participation effective au conflit, s'associait, dans ses sympathies, aux préférences de la grande République, sa sœur du Nord. N'y avait-il pas là le plus encourageant motif de nouer plus étroitement les liens de toute sorte qui depuis longtemps existaient entre ces divers Etats et la France, et de chercher à se connaître mieux encore avant d'organiser une collaboration active, vivement souhaitée, sur le terrain des affaires ? La municipalité lyonnaise et le Comité de la Foire prirent, dès le mois d'octobre 1916, l'initiative de consacrer une *Semaine* de conférences et d'entretiens entre citoyens, représentants, amis des Etats de l'Amérique latine, et la population de notre ville. Y furent conviés tous les Français et tous les Sud-Américains s'intéressant ou désirant s'intéresser à la question, et prêts à travailler au rapprochement de leurs patries respectives.

Le programme en fut fixé presque aussitôt et, du 2 au 7 décembre 1916, les cérémonies de cette *semaine* se déroulèrent et ses travaux s'accomplirent. Chaque jour, deux Commissions se réunirent, travaillant séparément, mais se communiquant, à l'issue de chaque séance, le résumé de leurs études. L'une s'occupait d'un programme purement économique et commercial : transports, navigation, douanes, voyageurs de commerce, Chambres de Commerce, consulats, banques, échantillons, etc. L'autre envisageait particulièrement les relations pédagogiques et artistiques.

Le 2 décembre à 8 h. 1/2 du soir eut lieu la séance d'inauguration, sous la présidence de M. le Maire de Lyon, au palais du Conservatoire. Indépendamment des hautes personnalités officielles de la ville et du département, qui toutes étaient présentes, on remarquait : MM. Garzon, ancien sénateur de l'Uruguay ; Francisco de la Barra, ancien président de la république mexicaine ; Graça Arañha, ancien ministre du Brésil ; Bal Piaz, directeur de la Compagnie transatlantique ; baron d'Anthouard, ancien ministre de France au Brésil ; G. Lévy, de l'Institut de France ; Larnaude, doyen de la Faculté de Droit de Paris ; Paul Adam ; Heurteau, président du Conseil d'administration des Aciéries de la marine ; Guernier, député, ancien sous-secrétaire d'Etat, ancien professeur à la Faculté de droit de Lyon, etc.

Une immense carte de l'Amérique du Sud et Centrale formait sur la scène une toile de fond ; les drapeaux des nations latines unissant harmonieusement leurs couleurs constituaient, autant dans la salle que sur la scène, la plus belle des décorations.

La cérémonie fut ouverte par une allocution de M. le Maire de Lyon, remerciant les représentants de l'Amérique latine d'avoir choisi Lyon pour y tenir leur première semaine ; M. Guernier répondit qu'à Lyon, métropole de la civilisation latine dans les Gaules, revenait de droit ce privilège. Puis, après quelques paroles très applaudies de M. Eugène Garzon, M. Pierre de Coubertin, dans une fort intéressante conférence, fit un substantiel exposé de l'histoire de l'Amérique latine, depuis la découverte du Nouveau Monde jusqu'à notre époque, en faisant valoir non seulement l'audace et la ténacité des premiers conquérants, la mise en valeur des somptueuses richesses incluses dans le sol de l'immense continent, mais les progrès de la civilisation, le développement continu de l'esprit, essentiellement latin, de liberté, le refoulement du despotisme et l'émancipation des peuples : en somme l'exemple séculaire donné par nos frères de là-bas d'une lutte ininterrompue pour le triomphe des idées que l'Europe défend à présent contre l'avidité monstrueuse des nations de proie.

Même intérêt s'attacha le lendemain 3 décembre à la conférence de M. Paul Adam sur *l'Amérique latine aux temps de la Révolution française*, et le surlendemain à celle de M. de la Barra, qui avait choisi pour sujet : *La France vue de l'Amérique latine*. Ce dernier, ancien professeur de droit international à l'école libre de droit de Mexico, a été successivement ministre plénipotentiaire à Buenos-Ayres et à La Haye, ambassadeur à Washington, ministre des Affaires étrangères, et enfin président de la République mexicaine. Il fut, à la suite de sa présidence, envoyé en Italie comme ambassadeur extraordinaire, et nommé, après une mission au Japon, ministre plénipotentiaire à Paris, et délégué à la Conférence de La Haye. La France a reconnu ses services éclatants en le faisant grand-officier de la Légion d'honneur. C'est dire avec quelle autorité il put traiter son sujet. Après un éloquent hommage à la France et à ses héroïques armées, l'éminent homme d'Etat montra qu'un même idéal, une même conception de la vie unissaient les races latines de l'Amérique et de l'Europe, que la France, la plus fidèle gardienne de ces idées

Les délégués de la Chambre de Commerce de Buenos-Ayres.
(*Cl. Arland.*)

généreuses, n'avait jamais cessé d'exercer sur le Nouveau Monde une influence irrésistible par ses grands penseurs et ses grands écrivains. Il exposa ensuite le projet de création d'une Ligue des neutres, et termina son éloquent discours par un vibrant éloge de la France qui combat en avant de toutes les nations pour le droit et la liberté.

On éprouverait la même satisfaction patriotique à relater en détail la conférence de M. l'ingénieur Hersent faite le même jour à l'Hôtel de la Mutualité, et qui, outre les espérances qu'elle fit concevoir sur l'avenir de nos rapports commerciaux avec les républiques Sud-Américaines, exposa de la façon la plus nette les moyens pratiques de les développer. C'est à l'Hôtel de la Mutualité que se tinrent pendant tout le cours de la semaine les séances du Congrès. Les communications, les discussions y furent des plus variées, des plus captivantes, et toutes suivies de conclusions arrêtées pour la mise en œuvre des idées et des projets. Il faut signaler en particulier l'attention avec laquelle furent écoutés M. le baron d'Anthouard, ministre de France, ancien ministre plénipotentiaire au Brésil, sur les relations diplomatiques et générales entre l'Amérique latine et la France; M. R. G. Lévy, de l'Institut, professeur à l'Ecole des sciences politiques, sur les relations financières; M. Larnaude, doyen de la Faculté de Droit de Paris, sur les relations intellectuelles et juridiques, et M. le Professeur Roger, de l'Académie de Médecine, professeur à la Faculté de Médecine de Paris, sur les relations intellectuelles médicales. Toutes les questions de transports, de publicité, de propagande dans tous les genres furent abordées aux diverses séances du Congrès.

L'intervalle des séances fut chaque jour rempli par des visites aux centres les plus féconds de l'activité lyonnaise en ce temps de guerre ; notamment à l'usine de fabrication d'obus et de matériel de l'Exposition, dont on doit l'installation et le fonctionnement gigantesques à l'énergie créatrice de M. Loucheur, devenu depuis lors ministre de l'Armement. Les écoles de grands blessés, école Joffre et école de Tourvieille qui, depuis leur création par l'initiative de M. Herriot, n'ont cessé de progresser en étendant le nombre des métiers enseignés, et en perfectionnant les procédés et les résultats, ne provoquèrent pas une moindre admiration de la part des membres du Congrès. Nous ne dirons rien des réceptions officielles et des banquets : c'est à la suite d'un de ces derniers que fut prononcée la conférence de M. de la Barra, dont il est parlé plus haut. La cordialité sympathique aidait à l'approbation raisonnée. Cette sympathie convaincue devait bientôt porter ses fruits positifs, entre autres la participation officielle de la République Argentine à la Foire de Lyon, en 1917. L'annonce en fut faite par une lettre très significative, émanant de la Chambre de Commerce de Buenos-Ayres, et dans laquelle étaient exposées les intentions des négociants de ce grand pays, attirés en foule à Leipzig avant la guerre, et désireux de se transporter désormais annuellement à Lyon, mais aussi d'y trouver ce qu'ils rencontraient là-bas, une tendance des industriels à satisfaire largement aux goûts des étrangers plutôt qu'à leur imposer les leurs et ceux de l'acheteur de leur propre pays.

Un emplacement fut donc mis, pour la Foire de 1917, à la disposition des délégués de la Chambre de Commerce de Buenos-Ayres. Le 21 mars, un de ceux-ci, M. Alfred Lang-Villars, fit, devant les membres du Comité de la Foire et les chefs de groupe, une conférence où furent développées en détail ces idées d'adaptation de l'industrie française aux nécessités et aux habitudes nationales des Argentins. Une comparaison fort instructive y était faite entre les exportations allemandes là-bas, et celles de notre pays jusqu'à présent. M. Lang-Villars proposa la création d'une association d'industriels et de commerçants français désireux d'étendre leurs affaires en Argentine, et indiqua avec une extrême précision comment cette association pourrait choisir ses représentants, organiser le recrutement et le classement de la clientèle, le contrôle des crédits, le groupement des expéditions, la défense des contrefaçons, la publicité, enfin l'exposition annuelle des échantillons (1).

(1) V. *Bulletin Officiel* de la Foire de Lyon, numéros de février, avril et mai 1917.

Deux mois après — c'était le dimanche 13 mai 1917 — le public lyonnais se pressait dans la salle des fêtes du palais du Conservatoire, pour entendre la parole éloquente de M. le sénateur brésilien Mello de Machado, professeur à la Faculté de Droit de Rio-de-Janeiro, un des amis de la France les plus résolus, qui, après une allocution pleine de reconnaissance à son égard, prononcée par M. le sénateur-maire Herriot, doublement son collègue ainsi qu'ils se plurent à le constater, sut démontrer à l'assistance la fausseté des prétentions allemandes en ce qui concerne leur influence dans les pays de l'Amérique du Sud et particulièrement au Brésil. Son discours fut, en même temps qu'un hommage à la France et à la ville de Lyon, qui est en train de réaliser, à la suite de son maire, l'œuvre du relèvement du commerce français, un véritable engagement de la part du Brésil à s'associer à cette œuvre par une participation active et durable à la Foire annuelle de Lyon.

Lyon Foire unique. — Ainsi la Foire de Lyon, provoquant dans notre ville, par son retentissement en France et à l'Etranger, cette série de réunions, suivie d'autres encore où, comme nous le verrons plus loin, se posent et se discutent les problèmes mondiaux de l'avenir commercial, apparaît de plus en plus comme une institution bienfaisante et féconde, non-seulement pour Lyon même, dont l'importance morale s'en trouve considérablement grandie, mais pour le Pays tout entier, qui vient y puiser les plus réconfortants encouragements en vue d'un avenir de prospérité.

La conclusion est que, malgré les entreprises similaires qui par une singulière méconnaissance de l'intérêt général se sont annoncées et organisées dans d'autres villes, à Bordeaux, au Havre, à Paris même (1), la Foire de Lyon est destinée à rester la seule revêtue au yeux de tous du caractère officiel et national, la seule qui aura dépouillé de son prestige d'attraction universelle la Foire fameuse de Leipzig. La solide organisation de la Société qui la représente, la volonté et l'activité tenaces des membres de celle-ci (2), ainsi que des Lyonnais tous unis pour ce but, la sympathie pour la Foire unique et les protestations contre l'idée contraire, venues progressivement de l'immense majorité des Chambres de Commerce de France (3), qui forment

(1) Lire ci-après, page 170, en note, les observations présentées a ce sujet par M. Herriot, dans son discours du 10 juillet 1917, à la suite de l'Assemblée générale de la Société de la Foire.

(2) A l'Assemblée générale extraordinaire du 29 mai 1916, M. Achille Lignon, président du Conseil d'administration, après avoir défini la portée économique des premiers résultats atteints, demandait d'introduire dans les statuts la faculté pour le Conseil d'émettre des obligations ou des bons jusqu'à une somme égale au capital social, et d'augmenter ce capital, éventuellement de 1.200.000 francs, et provisoirement de 600.000 francs, ce qui le porterait tout de suite à 900.000 francs, et bientôt à 1.500.000 francs. La proposition fut unanimement votée.

(3) Le *Bulletin Officiel* de la Foire de Lyon a publié les lettres des Chambres de Commerce d'Alais, Alger, Annonay, Arles, Aubenas,

autour de celle de Lyon en cette circonstance comme un grand cortège d'honneur et de soutien, les articles signés de publicistes connus (1) autant que les avis franchement exprimés par les plus marquants des grands industriels français (2), enfin l'intention mani-

Beaune, Belfort, Blois, Bougie, Bourg, Bourges, Cette, Chambéry, Châteauroux, Dijon, Gray (Vesoul), Lons-le-Saulnier, Louhans Mâcon (Charolles-Tournus), Marseille, Moulins (La Palisse), Nantes, Niort (Deux-Sèvres), Nice, Nîmes, Périgueux, Perpignan, Rouen, Saint-Etienne, Saumur, Tarare, Thiers, Vienne, Villefranche-sur-Saône. (V. les numéros de juillet, août, septembre, octobre, décembre 1916, août 1917.)

(1) Voir dans le *Bulletin Officiel* de février 1917, les articles de MM. Achille Plista, Raoul Duval, Jules Majorelle.

(2) Nous reproduisons ici les deux lettres suivantes d'un industriel de l'Est, actuellement mobilisé, et qui, dans leur franchise militaire assez rude, signalent clairement l'erreur et le danger de la dispersion des efforts. (*Bulletin* de janvier 1917.)

Le 2 août 1916.

Comité d'Organisation et d'Administration de la Foire de Bordeaux,

Hôtel de Ville, Bordeaux (Gironde).

Messieurs,

J'ai été péniblement surpris de recevoir votre circulaire et livret de lancement dont les arguments sont loin de me convaincre. Il est regrettable que le succès de la manifestation lyonnaise puisse éveiller la jalousie d'une autre région et inciter celle-ci à vouloir, à son tour, avoir sa foire. C'est malheureusement là un des effets de notre caractère national et, malgré la guerre, voici déjà la deuxième foire en perspective. A quand la Foire du Nord-Ouest, à Nantes ou à Rennes ? Pourquoi, après les hostilités, le Nord et l'Est, actuellement envahis, n'auraient-ils pas leur Foire à leur tour ! Et voilà la dispersion des efforts qui aura pour conséquence fatale la ruine de l'heureuse initiative de Lyon au profit de Bordeaux.

En Allemagne, dont le territoire est triple du nôtre, il n'y a qu'une Foire, celle de Leipzig, mais *tout le monde* y va, parce qu'on a la

feste des gouvernements successifs de maintenir les garanties offertes dès le début, tout fait augurer que

---

certitude d'y trouver tout le monde venu des quatre coins du globe. N'est-ce pas le seul but d'une Foire : réunir le maximum de vendeurs et d'acheteurs venus des pays les plus lointains. Le meilleur moyen de n'avoir personne, c'est de laisser aux étrangers le choix de la Foire à laquelle ils assisteront en France. En définitive, dans le doute, ils choisiront la Foire de l'Allemagne.

Pour ma part, je ne saurais favoriser votre tentative qui, quoi que vous en disiez, est une concurrence directe à celle de Lyon et constitue, par suite, une manifestation funeste au prestige de la France, la seule entité qui nous intéresse et la seule pour laquelle nous travaillons aujourd'hui. J'espère que, comprenant qu'il fait fausse route, votre Comité d'organisation reviendra sur sa décision.

Recevez, Messieurs, l'assurance de ma considération distinguée.

Félix Gouvy,
Lieutenant d'artillerie, 7e régiment
d'artillerie de campagne.

Le 7 décembre 1916.

Monsieur le Président du Comité de Direction
de la Foire de Paris,
6, Place de la Bourse, à Paris.

Monsieur le Président,

J'ai reçu, en ma qualité de maître de forges à Dieulouard (Meurthe-et-Moselle), votre appel conviant à participer à la « Foire de Paris » que vous organisez pour le mois de mai. Permettez-moi de vous dire que vous faites œuvre de mauvais patriote en suscitant une nouvelle concurrence à la « Foire de Lyon » et de vous communiquer copie de la lettre que j'ai écrite, en son temps, au Comité d'organisation de la « Foire de Bordeaux ». Ma conviction — d'ailleurs partagée par nombre de bons esprits auxquels j'en ai fait part — reste entière, qu'il s'agisse de Paris ou de toute autre grande ville.

Vous me répondrez que le Comité de la « Foire de Paris » existe depuis douze ans, que M. Herriot aurait affirmé qu'il y a en France place pour plusieurs foires — ce ne sont pas des arguments. Votre

l'institution française née à Lyon se développera seule dans les proportions désirées pour constituer la Foire Nationale unique.

Comité n'a pas su aboutir en temps de paix ; il a fallu le succès de la « Foire de Lyon » en temps de guerre, pour le faire sortir de son apathie ; il est trop tard.

De nouveau, je vous adjure de ne pas disperser nos forces, de laisser à Lyon le bénéfice de son heureuse initiative si vous ne voulez pas faire le jeu de nos ennemis.

Imitons ceux-ci dans ce qui fait leur puissance : l'unité dans la direction, l'opiniâtreté dans l'effort, l'abnégation de l'individu devant l'intérêt supérieur de la Patrie.

Croyez, Monsieur le Président, à l'assurance de ma considération distinguée.

Félix Gouvy.

M. le Président de la République, MM. Clémentel, ministre du Commerce et Herriot, Maire de Lyon, devant les Stands du Creusot.
(*Cl. du Service photographique de l'Armée.*)

CHAPITRE III.

LA FOIRE DE 1917.

Accroissement de la superficie et du nombre des participants. Catalogue. — Retardée d'une quinzaine de jours par l'exceptionnelle rigueur d'un hiver prolongé, la Foire de 1917, au lieu de s'ouvrir le 1er mars comme il avait été statué pour tous les ans, ne fut inaugurée que le 18. Bien que le commerce français traversât alors une passe particulièrement difficile par suite de la crise des transports, amenée autant par les grands froids que par les cruels effets de la guerre sous-marine, les mesures avaient été prises avec tant de prévoyance et d'énergie par le Comité organisateur, qu'à voir l'extension considérable des emplacements occupés par rapport à leur superficie de l'année précédente, la profusion des produits-échantillons arrivés dans nos gares et sur nos quais, l'énorme tonnage qu'ils représentaient, la vie et le mouvement pleins d'ardeur joyeuse que créait leur installation, l'on se serait cru dans la période la plus prospère d'une paix absolue.

Le nombre des exposants, plus que doublé, avait atteint le chiffre de 2.690, pour 1.342 de l'année précédente. Le nombre des stands était de 2.320 (912 en 1916). Les emplacements occupés couvraient une superficie de 36.000 kilomètres carrés et s'étendaient sur une longueur de 9 kilomètres, non compris les intervalles entre les groupes. Ce n'était plus seulement cette fois-ci sur les quais de la rive droite du Rhône et sur quelques espaces de la rive gauche que s'étalaient les stands ; cette dernière rive était, elle aussi, presque tout entière occupée. En remontant le cours du fleuve, depuis le quai des Brotteaux jusqu'au pont de la Boucle, c'était une ligne ininterrompue, sur laquelle se greffait un large épanouissement dans l'étendue de la place Morand ; il avait même fallu, à partir du pont Saint-Clair, installer les stands des deux côtés du quai. Et, tandis que sur la rive droite, le pont de la Boucle marquait la limite, en face, tout le long du parc, une double rangée continuait de s'aligner. C'était là qu'avaient pris place les expositions des grandes firmes métallurgiques, mécaniques et électriques. Le cours du Midi, d'autre part, était tout entier couvert ; quelques groupes séparés (médecine, chirurgie, orthopédie) étaient localisés sur le quai de la rive gauche, en aval du pont de la Guillotière, le long de la place Raspail. Enfin, trois palais municipaux avaient été réservés : l'un, l'hôtel de la Mutualité, à l'industrie du vêtement ; le palais du

Commerce, à la couture et aux petites industries, et le palais du Conservatoire, quai de Bondy, aux œuvres d'art.

L'ensemble avait été réparti en 59 groupes, dont 55 numéros et 4 numéros *bis* : de 1 à 3, tissus et filés; de 4 à 15, habillement; de 16 à 20, habitation et travaux publics; de 21 à 27, métallurgie, mécanique, quincaillerie, électricité, outillage; de 28 à 29 (dont 28 *bis*), industries chimiques ; 30, automobiles et dérivés; 31 et 32, industries du cuir; de 33 à 35, bimbeloterie, parfumerie, brosserie, céramique ; 35 *bis*, tourisme et transports; 36, petites industries; 37 à 40, papeterie et librairie ; 41, photographie ; 42, musique; 43 à 46, alimentation; 47, collectivités industrielles et agricoles françaises et étrangères ; 48 et 48 *bis*, œuvres d'art; 49 à 51 (dont 50 *bis*), bijouterie, orfèvrerie, horlogerie et objets religieux; 52 et 53, médecine et chirurgie; 54 et 55, enseignement et œuvres philanthropiques.

Le catalogue officiel, comprenant 610 pages, avec supplément de 120 pages, et un plan général de la Foire, avait été dressé avec l'ordre le plus méthodique et la plus minutieuse précision par MM. Noirclerc et Fénétrier (1). Voici, d'après ce catalogue et une

(1) C'est à l'esprit de prévoyance et d'organisation de MM. Noirclerc et Fénétrier que le public dut de trouver, au centre du mouvement de la Foire, place Morand, le *Salon des acheteurs*, salle confortablement aménagée pour le repos des visiteurs, leurs entretiens

statistique fournie par M. Fougère (1), le tableau comparatif du nombre des participants classés par nationalités :

	En 1916	En 1917
Français.......	1.200	2.073
Algériens.......	—	119
Tunisiens.......	—	43
Suisses........	77	163
Italiens........	43	105
Anglais........	14	43
Portugais......	0	60
Espagnols......	2	29
Américains.....	4	33
Hollandais.....	1	8
Russes.........	1	4
Belges.........	0	3
Japonais.......	0	3
Chinois........	0	2
Egyptiens......	0	1
Suédois........	0	1
	1.342	2.690

à l'abri et leur correspondance. Pour celle-ci, un certain nombre de machines à écrire étaient mises à leur disposition, un personnel affecté à ce service se trouvait prêt à rédiger les lettres, sous la dictée de chacun. Le Salon des acheteurs sera, de nouveau, installé à la Foire de 1918.

(1) Voir *Bulletin* de juin 1917, page 5. Nous avons combiné les deux statistiques, légèrement différentes l'une de l'autre. Celle du *Bulletin* donne le chiffre de 2.614 participants.

La question des logements. — A un tel surcroît d'affluence de la part des exposants correspondait naturellement une abondance de visiteurs pour lesquels il avait été nécessaire de préparer des logements en quantité suffisante. Notre ville n'est pas, tant s'en faut, des mieux pourvues en fait d'hôtels ; le développement de l'industrie hôtelière est même, par parenthèse, une des questions qui auront à être le plus soigneusement étudiées aussitôt après la fin de la guerre ; car Lyon, point de départ indiqué pour les provinces françaises les plus riches, soit en beautés naturelles, soit en souvenirs nationaux, doit devenir un centre de tourisme aussi bien qu'il est un centre d'affaires. Par le fait du petit nombre relatif des hôtels, un certain mécontentement s'était manifesté parmi les visiteurs, obligés, quelques-uns, de repartir sans pouvoir se loger ; d'autres, d'écourter leur séjour ; d'autres, d'être installés de façon défectueuse, et, à peu près tous, de payer des prix fort au-dessus de ce que représentaient les avantages offerts. Pour prévenir, en vue de la Foire de 1917 et des suivantes, de pareils abus, une convocation adressée aux hôteliers de Lyon les réunissait, le 28 novembre 1916, à une séance plénière de la Société de la Foire, sous la présidence de M. Herriot, assisté de M. Lignon, président de la Société. Une décision en résultait, limitant la majoration des prix pour les chambres d'hôtel (25 à 40 %) et rendant obligatoire un tableau de ces prix affiché au bureau de l'hôtel et dans chaque chambre.

On décidait en même temps de faire un pressant appel à la population lyonnaise pour que les particuliers disposant de chambres inoccupées consentissent à y loger des visiteurs de la Foire. En 1916, l'essai, si timidement qu'il eût été tenté, avait donné d'excellents résultats. Il s'agissait, cette fois-ci, d'organiser un vaste service central, facilitant les offres, les classant, les accordant avec les demandes. Il fut localisé aux bureaux annexes de la Foire, 27, place Tolozan. Le classement se faisait par *secteurs* déterminés dans la ville précisément en vue de la Foire et de ses emplacements. Chaque offre reçue était enregistrée ; un inspecteur se rendait à domicile pour s'assurer des conditions de confortable, de propreté et d'hygiène de la chambre, et indiquait, s'il y avait lieu, les modifications qu'il serait convenable d'y apporter.

Par centaines, des offres de chambre furent ainsi enregistrées et acceptées. Cet empressement, l'accueil fait par les particuliers aux représentants du Comité, puis à chacun des hôtes, sont vraiment à l'éloge de la population lyonnaise et montrent à quel degré elle prend intérêt à la prospérité d'une entreprise qui honore la ville et sert la France.

Il était nécessaire de prendre des mesures permettant aux voyageurs qui arriveraient pendant la période de la Foire d'être immédiatement logés. A cet effet, un service général de distribution fut installé au bas de la gare de Perrache et fonctionna jour et nuit sans interruption, dès l'ouverture.

Inauguration le 18 mars 1917. — C'est donc le 18 mars que celle-ci s'effectua, après une cérémonie qui réunit au Grand-Théâtre une très nombreuse assistance, mais n'eut pas tout à fait au même degré que l'année précédente le caractère de pompe officielle. Elle fut présidée par M. Achille Lignon, autour de qui avaient pris place M. le général Ebener, gouverneur militaire de Lyon, MM. Rault, préfet du Rhône, Hoffher, premier adjoint, remplaçant le maire retenu à Paris ; Loubat, procureur général ; Coignet, président de la Chambre de Commerce, et de nombreuses personnalités du haut commerce et de l'industrie. Trois discours furent prononcés : le premier par M. Hoffher, qui, après avoir souhaité, au nom de M. Herriot et de la Ville de Lyon, la bienvenue aux vendeurs et acheteurs de la Foire, rappela les origines de celle-ci et son succès triomphal ; le second, par M. Coignet, qui montra comment, en créant la Foire de Lyon en 1916, on n'avait fait que ressusciter les foires célèbres du moyen âge, dont une réorganisation en 1487, avait donné lieu pareillement aux objections des timides ; et comment l'enquête ouverte par la Chambre de Commerce venait d'aboutir aux mêmes conclusions que l'enquête royale d'il y a quatre siècles. C'est que la ville, depuis qu'elle existe, est adaptée, par sa position géographique, à un rôle commercial d'exceptionnelle importance, en dépit des rivalités que sa prospérité suscite.

Ce fut enfin le tour de M. Lignon, qui prononça l'éloquent discours que voici :

Mesdames, Messieurs,

M. Herriot, président du Comité de la Foire de Lyon, absorbé par les charges accablantes de son ministère, m'a donné l'agréable mission de vous exprimer, au nom de ce Comité, la joie et la cordialité de notre réception.

L'accueil que nous faisons aux hôtes de la Foire dépasse, dans les circonstances présentes, le témoignage banal d'une satisfaction matérielle d'affaires ; il dépasse aussi le cadre de notre amour-propre local ; il traduit le vif sentiment de fierté que chacun de nous éprouve à constater les suffrages touchants que nous apportent de nombreux adhérents d'au delà de nos frontières.

Nous reportons dans notre pays tout entier, si grand dans l'héroïsme de ses soldats et dans le patriotisme irréductible de tous les Français, l'honneur de cette réunion internationale dans la vieille capitale des Gaules.

Nous allons ajouter au plan esquissé l'an dernier des contours plus précis pour ériger définitivement l'institution de notre grande bourse d'échanges.

Notre deuxième Foire a pourtant connu tous les obstacles ; des difficultés de tout ordre se sont succédé et constamment aggravées ; mais notre résolution était inébranlable et les multiples contretemps n'ont fait qu'aviver notre volonté d'aboutir à tout prix.

Certes, les exigences de la guerre touchant les transports, les complications des voyages maritimes priveront cette Foire d'une partie des produits et de la clientèle qui s'y destinaient ; mais, telle qu'elle se présente, au milieu du cataclysme mondial, nous sommes certains qu'elle sera néanmoins une magnifique leçon de choses, un foyer important d'affaires, un large concours de fructueuses et réciproques relations.

Ce que nous construisons au milieu de l'horrible rafale qui, depuis plus de trente-deux longs mois, porte, sur une étendue

Vue des Stands sur le cours de Verdun (1917).

(Cl. Jo et Bé.)

immense, la destruction et la mort, a pour but de préparer une partie des réparations nécessaires.

C'était un devoir supérieur de donner à ce travail toutes les forces et tous les loisirs que nous laisse la participation aux œuvres de guerre. Et, tandis que la fleur de notre population fait face à l'ennemi, tandis que chez nos paysans, les vieillards, les femmes et les enfants labourent et fécondent nos terroirs, il nous a semblé qu'il nous incombait, à nous, de labourer et féconder les champs de l'industrie et du commerce. Il nous a paru que nous devions, sans plus tarder, semer dans tous les pays amis les premiers germes des revanches économiques.

Nous ne dissimulons pas l'étendue de nos ambitions. Nous nous dressons en concurrents directs de la Foire de Leipzig — la foire ennemie — dont le succès a été fait surtout d'abandon dans nos propres ressources et d'indifférence dans l'emploi de nos moyens.

Nous n'opposerons d'ailleurs que la concurrence loyale. Nous n'en connaissons pas d'autre. Nos ennemis, au contraire, s'efforcent d'accréditer le bruit que, comme en 1916, beaucoup de leurs produits seront représentés à notre deuxième Foire. Ils exagèrent manifestement, non pas dans l'intention — car nous avons eu à déjouer beaucoup de tentatives d'introduction subreptice — mais dans la réalité, car nos enquêtes ont été vigilantes et nos exclusions sévères. Nous savons depuis longtemps que les Allemands — véritables geais de l'industrie — étaient passés maîtres dans le plagiat et la contrefaçon. A Lyon, d'où sont parties tant de découvertes chimiques et industrielles, dont les Allemands ont tiré si grand profit, nous étions particulièrement avertis.

Pour ne citer que les matières colorantes qui ont été le plus riche compartiment de leur fortune, chacun sait que le colorant jaune tiré du goudron de houille, l'acide picrique, fut appliqué la première fois en 1850, à la teinture des tissus, à Lyon, dans l'usine Guignon ; que, en 1859, Verguin, chimiste de la maison Renard frères, de Lyon, trouva la fuchsine. De ces fécondes trouvailles, les Allemands ne tardèrent pas à s'emparer et notamment en 1865, se fonda à Ludwigshafen la *Badische-Anilin-*

and-Soda-Fabrik qui, par une ironie que nous saurons retourner, vint créer aux portes de Lyon une grande fabrique de ces mêmes produits.

On peut encore citer la belle invention des frères Lumière, de Lyon : le cinématographe, qui a fourni aux Allemands matière à la création d'immenses usines dont l'une a été bâtie dans le faubourg lyonnais de Saint-Fons.

Qu'ils sachent bien désormais que nous saurons défendre tout notre patrimoine, dont nous allons faire, avec toute nation loyale, et par des apports réciproques, un véritable fonds commun anti-allemand.

D'ailleurs, qu'aurions-nous à perdre dans la figuration de quelques produits germaniques débaptisés ? La Foire de 1916 ne leur a-t-elle pas déjà infligé des comparaisons désavantageuses dans les qualités et même dans les prix de plusieurs produits importés avant la guerre ? Oh ! à cet égard nous avons tous fait des constatations consolantes sur notre productivité industrielle ! Le puissant stimulant qu'a été pour nous leur monstrueuse agression a fait jaillir de toutes parts nos qualités de race, qui sont l'esprit inventif, l'ingéniosité d'exécution et le bon goût. Il est juste de dire qu'ils ne nous ont jamais disputé cet apanage.

Enfin, si quelque Boche authentique avait pu pénétrer jusqu'à la Foire, nous serions tentés de nous en réjouir, car il aurait de gros efforts de mensonge à faire pour emporter de Lyon et de la France de mauvaises nouvelles.

Notre essai de 1916 nous avait permis de dresser, en dehors de nos locaux municipaux, 790 stands. Notre deuxième Foire, que les événements n'ont certes pas servie, en a élevé 2.320, et nous aurions dû construire beaucoup plus de stands, si nous avions pu satisfaire un grand nombre de retardataires.

Si nous continuons à marcher de ce pas, les Lipsiens devront rentrer leurs épaisses plaisanteries et accélérer leur marche pour n'être pas dépassés.

Car nous avons réuni, dès nos débuts, une plus grande nomenclature d'articles qu'à la Foire de Leipzig. Quant au nombre de vendeurs qui se rendent à cette Foire séculaire, soutenue par une puissante réclame mondiale et par une tapageuse mise en scène, Victor Cambon, qui a si bien étudié l'Allemagne, nous dit qu'en 1897, ce nombre était de 1.300 et en 1910, de 3.700 vendeurs. Or, à notre deuxième année d'existence, nous comptons 2.600 vendeurs.

Notre ville était-elle désignée pour constituer l'arsenal économique qui convient a cet antagonisme permanent?

La situation géographique de Lyon — choisie par Jules César — placée à l'intersection des grandes avenues du monde occidental, bien desservie par ses voies ferrées et fluviales, rapprochée de longues frontières maritimes, susceptible d'améliorer facilement ses moyens de transports. Ville populeuse, laborieuse, possédant des industries variées, à côté de houillères importantes, dotée de forces électriques grandement extensibles, jouissant d'un excellent crédit et pourvue d'ailleurs de bonnes finances, présentait bien les conditions de premier ordre pour prétendre à réunir, chaque année, un grand caravansérail d'échanges économiques.

En prenant cette décision, notre Comité n'a eu qu'à relever une institution qui fut fondée à Lyon en 1419, qui dura plus de deux siècles et qui connut une renommée universelle. Les causes qui la firent abandonner étaient uniquement intestines. Aujourd'hui, avec notre mentalité plus fraternelle et notre sentiment élevé des droits des nationalités, rien de pareil n'est à redouter.

Les foires des XVe et XVIe siècles ont tracé une profonde empreinte dans les progrès de la civilisation par le seul rapprochement des commerçants du monde entier. Elles apportèrent des franchises fiscales, des innovations financières, des simplifications de paiement par le change de toutes les monnaies ; d'autre part, elles amenèrent la création d'une juridiction sommaire pour le règlement immédiat des litiges d'où sortit, après une phase intermédiaire, l'institution des tribunaux de commerce.

On nous permettra, en passant, d'évoquer l'histoire de ce corps judiciaire électif dans lequel, avec plusieurs des collègues qui m'entourent, nous avons vécu les plus belles années de notre existence.

Le marché de Lyon est un centre naturel de rencontre, autour duquel se fera aisément une sélection automatique d'éléments d'affaires, jusqu'ici écartés de leur sphère normale et qui subissaient l'attraction artificielle du marché de Leipzig.

Celui-ci était, du reste, un organe d'invasion commerciale intensivement cultivé, et faisait partie d'un formidable plan d'ensemble que la guerre a dévoilé au monde stupéfait.

L'Allemagne, qui inventa la nationalité plurale et dont les sujets restent de véritables délégués dans chaque pays qu'ils ont, en apparence, adopté, l'Allemagne en veut, en fin de compte, au bien d'autrui, dans tous les domaines privés et collectifs, au moyen d'une singulière association de l'Etat tudesque à toutes les organisations tentaculaires de ses sujets. La guerre, dont elle avait escompté trop tôt les effets foudroyants a montré la laide profondeur de ses desseins ; aussi peut-on se demander si, peu à peu, le monde entier ne devra pas se soulever contre elle pour lui imposer la fin de ses monstrueuses doctrines.

Nos assemblées de marchands peuvent, plus qu'on ne le suppose, dans le redressement des principes avec lesquels se fondent et se garantissent le droit, la justice, l'honneur et partant la paix humaine.

Le commerce, c'est l'obligation incessante, c'est la simple convention verbale remplaçant, dans la plupart des cas, le contrat synallagmatique ; c'est la foi due aux moindres engagements sous peine de déchéance et de faillite, c'est la réputation — plus précieuse que le capital — soumise à l'épreuve quotidienne, c'est la probité nécessaire, c'est pour tout dire, une école de vigueur, de droiture et de sincérité.

Le commerce international est un faisceau constamment entretenu de liens d'intérêts réciproques qui, en multipliant les relations honnêtes des personnes, aboutissent à l'estime mutuelle des nations. Le commerce international, c'est la répartition du bien-être par la compensation de ce qui manque à chacun, c'est le stimulant de toute industrie, le foisonnement de toute production de l'art et de la nature. Le commerce international a inspiré cette belle pensée à notre grand jurisconsule de Portalis:

« La boussole a ouvert le monde, le commerce l'a rendu sociable. »

Le commerce international a un rôle moral à exercer, plus fécond encore que son rôle matériel. Nous nous essaierons ici à développer ce complément désirable de sa mission.

Cette année même, nous profiterons de notre rencontre pour commencer à étudier ensemble divers problèmes qui concernent nos relations, afin d'en augmenter le nombre et d'en faire fructifier les résultats : questions de transports terrestres et maritimes, de douanes, de zones franches, de protection mutuelle, de marques et brevets, de change, de crédit, de modes de règlement, de traités de commerce et de navigation. Nous ferons l'apport de notre expérience conjuguée aux économistes et aux hommes d'Etat qui recherchent les formules d'arrangements équitables.

Pour débuter, notre programme est modeste, comme vous l'avez vu dans les ordres du jour publiés. Il vous appartiendra d'assurer son développement.

Messieurs, si nous étions en temps ordinaire, nous réclamerions de vous l'indulgence pour les imperfections de notre entreprise. Aujourd'hui, nous vous dirons simplement : « Nous avons débuté l'an dernier, après une année de guerre cruelle, au moment où nos titans se battaient devant Verdun. Une autre année de guerre atroce s'est déroulée depuis et, à cette heure, la France invaincue, maintient le meilleur d'elle-même, ce qu'elle a de plus actif et de plus ardent, devant les mêmes ennemis. Elle vaincra et elle vivra pour rester la terre de justice et la noblesse du monde. »

Quant à nous, sur qui se répercute le cataclysme, nous allons, au cours de cette Foire, multiplier nos échanges et surtout en préparer la multiplication pour le plus grand bien de nos intérêts réciproques. Et bientôt, sous l'influence de nos loyales affaires, nos mains se tendront pour s'enlacer et nos cœurs, gagnés à l'estime mutuelle, s'ouvriront à la confiance et l'amitié.

Ce discours, si nourri de faits et d'idées, fut chaleureusement applaudi par l'assistance tout entière, heureuse de rendre ainsi hommage au président du Comité de la Foire, à celui qui soutient avec tant de vaillance la lourde tâche de diriger l'effort commun pour l'œuvre patriotique si hardiment entreprise et déjà si riche en résultats.

Physionomie de la Foire et de la ville. — Bien que toute une série d'obstacles eût semblé se dresser, en ce début de printemps, exprès pour entraver l'installation et le fonctionnement normal de l'entreprise : réduction considérable du nombre des trains, arrêt prolongé de la navigation fluviale, dangers de la navigation maritime, etc. ; et bien qu'en effet un certain nombre de stands çà et là fussent encore vides ou même incomplètement terminés, le public, qui, durant cette journée d'inauguration, afflua en masses énormes sur les quais et les places où s'alignaient les baraques, put se rendre compte du progrès accompli depuis un an, soit dans le nombre des exposants, soit dans la variété des produits, soit dans l'arrangement de chaque stand, soit enfin dans l'assurance et l'entrain qui régnaient parmi les exposants. Tous, on le sentait, étaient gagnés par ce contentement intime du commerçant qui constate l'extension des affaires, le succès présent et les garanties d'avenir. On imagine assez quelle pouvait être aussi la joie et la fierté des créateurs de l'œuvre, à la voir, après une première réussite qui aurait pu comme tant d'autres dues à l'intérêt provoqué par la nouveauté, n'avoir qu'un terne lendemain, à la voir, disons-nous, s'affirmer désormais comme une des plus solides institutions économiques qu'ait vu naître notre temps pour soutenir et développer l'industrie et le commerce français dans tous les pays.

Ce qui caractérisait aussi de plus en plus cette Foire, c'était la compréhension exacte qu'en avait la population lyonnaise, comme d'une chose avant tout sérieuse, soit par l'époque où elle avait pris naissance, soit par l'importance patriotique et sociale de son but. Ainsi, malgré l'affluence des étrangers, elle n'a jamais donné prétexte à cette multiplicité de distractions frivoles qui trop souvent accompagnent les Expositions, et ne font que retenir les oisifs et entraver les affaires beaucoup plus que les favoriser, quoi qu'on en dise.

Publicité. Journal de la Foire. Monde Illustré. — La presse lyonnaise, à ce sujet, a été au-dessus de tout éloge, ne négligeant rien de ce qui pouvait intéresser le public non seulement aux marchandises qu'il voyait exposées, à leur élégance, à leur utilité, à leur nouveauté, mais encore à leur provenance, aux transactions dont elles pouvaient être l'objet, aux relations internationales qu'elles développaient.

C'est ainsi que par l'initiative et sous la direction de MM. Noirclerc et Fénétrier, dont le catalogue était déjà un organe de publicité achevé, fut créé le *Journal de la Foire*, quotidien, du format habituel des grands journaux sur quatre pages, mais de durée éphémère, bornée strictement à la quinzaine de la Foire. Comme l'annonçaient ses rédacteurs dans leur article-prospectus du premier jour (dimanche 18 mars 1917), il était destiné à « servir la clientèle de la Foire, à l'informer, à la guider, à traduire ses aspirations et ses jugements, à faciliter ses démarches, à développer ses manifestations légitimes », à rapprocher les visiteurs les uns des autres, à les orienter dans leurs relations et dans leurs efforts. Grâce à une publication quotidienne de la liste des étrangers, indiquant les raisons de leur séjour, le vendeur savait l'adresse de l'acheteur et pouvait aller le solliciter à domicile. L'acheteur allait « tout droit où ses intérêts et ses sympathies l'appelaient, sans recherche fastidieuse et perte de temps ».

Toutes les nouvelles se rattachant à la Foire y étaient exposées : « physionomie des marchés, allure des transactions, résultats obtenus dans les diverses catégories » — aspects variés de la Foire, spectacles, cérémonies, réceptions, appréciations et critiques formulées, soit par les visiteurs, soit par la presse française et étrangère, neutre ou alliée, dont les écrivains les plus autorisés ont su dire à leurs nationaux réunis à la Foire de Lyon « l'espoir que le monde civilisé met dans nos destinées ».

Fidèlement rempli, ce programme attira au journal de la Foire des milliers de lecteurs ; et il n'est pas

Les Stands en béton du quai de la Tête-d'Or (1917).

douteux qu'avec sa documentation si étendue et si précise, avec des articles de premier ordre pareils à ceux qu'on y lut chaque jour dans la deuxième quinzaine de mars 1917, le journal de la Foire ne retrouve en 1918 et les années suivantes, le même succès, avec un nombre de lecteurs proportionné au développement, sans cesse accru, de la Foire elle-même.

A la veille même de l'ouverture, le 17 mars, avait paru un numéro spécial d'un des grands journaux illustrés de la capitale, numéro intitulé *La Foire de l'Entente*. Déjà l'année précédente, ce journal, le *Monde Illustré*, avait, au moment des fêtes de Pâques, eu la belle et ingénieuse idée de consacrer un numéro entier à l'*Autre guerre*, appelant ainsi « celle qui, à l'arrière des lignes de feu, se poursuit contre l'entreprise de la finance, de l'industrie et du commerce allemands », et qui venait d'être marquée par deux glorieuses victoires économiques, l'Exposition de Casablanca et la Foire de Lyon « sous l'impulsion de deux administrateurs de génie, le général Lyautey, Résident général de France au Maroc, et M. le sénateur Herriot, maire de Lyon ».

Si la première place y était réservée à l'œuvre marocaine, l'œuvre lyonnaise y occupait la plus considérable. Une merveilleuse vue en couleurs, reproduction d'une aquarelle de L. Tapissier, et représentant le tournant du Rhône en amont du pont Morand, avec l'encadrement des collines de la Croix-Rousse et de

Saint-Clair, et la courbe du quai soulignée en rougeâtre par l'alignement des baraques, en brun par la perspective indéfinie des arbres à la cime dépouillée et battue du vent d'hiver ; toute une variété d'aspects de la ville et de la Foire d'après de larges et superbes clichés photographiques; de nombreux portraits de personnalités notables ; des intérieurs, soit de stands avec le détail des murailles et des vitrines, soit d'usines productrices des objets exposés : telle était la partie illustrée. Même soin avait été apporté à la rédaction du texte, qui, après un aperçu historique de la vieille institution française des foires, décrivait la Foire actuelle de Lyon et donnait les renseignements les plus précis sur les firmes industrielles et les maisons de commerce dont les stands avaient été le plus visités. Nous ne pouvons qu'y renvoyer nos lecteurs pour tous les détails que nous ne pouvons donner ici à cet égard.

Il en est de même pour le numéro spécial de 1917, qui eut l'avantage de pouvoir être lu et contemplé pendant la Foire même, et qui, débutant par une très intéressante étude sur *la Foire de Lyon à travers les âges*, illustrée de plans et gravures d'autrefois, encadrait ensuite de vues photographiques inédites du Lyon actuel le plan de la Foire de 1917 (1), et d'une

(1) On trouvera, à la fin de ce volume, en regard les uns des autres sur une même feuille, les plans des trois premières foires (1916-1917-1918).

nouvelle série de portraits les renseignements sur le marché lui-même. Puis toute la région lyonnaise (Rhône, Loire et Dauphiné), si empressée à apporter à la Foire sa participation, était passée en revue dans ses villes les plus importantes, ses industries les plus marquantes, décrites à la perfection par le texte et la gravure. De nombreux portraits y faisaient reconnaître aussi à qui ces industries et ce commerce si actifs doivent à l'heure qu'il est leurs plus fructueux progrès.

Visites de délégations. — Il était d'autant plus avantageux d'avoir, dès le premier jour, tenu prêts les documents de toute nature capables de guider les visiteurs à travers la Foire, que les délégations les plus importantes des nations et des villes arrivèrent à Lyon presque au lendemain de l'ouverture. Celles des Conseils municipaux de Marseille et de Bordeaux étaient là dès le mardi 20 mars, et celle du Conseil municipal de Paris le jeudi 22. Cette dernière, reçue le matin à la gare de Perrache par MM. Victor et Biron, du Comité, MM. Hoflher et Curtelin, adjoints, et M. Serlin, secrétaire général de la mairie, l'après-midi aux bureaux de la Foire, par MM. Lignon, Victor, Cabaud et Rivoire, tint d'abord à visiter, à l'Hôtel de Ville, l'organisation des œuvres municipales de guerre, dirigées avec tant de dévouement et de succès par Mme Herriot, qui, elle-même, fit les honneurs de la présentation. Puis ce fut la promenade méthodique à travers les différents quartiers de la Foire. Partout les édiles parisiens manifestèrent leur admiration sincère pour l'effort accompli et ses résultats : admiration d'autant plus intéressante à noter que, si des objections ont été faites à l'idée d'une Foire unique établie à Lyon, c'est à Paris, comme on sait, à sa Chambre de Commerce, dans ses groupements industriels et dans les administrations officielles de la Ville, qu'elles se sont principalement élevées.

Nous avons parlé plus haut des délégations de pays étrangers, et en particulier de la République Argentine, sous la conduite de M. Lang-Villars, président de la Chambre de Commerce française à Buenos-Ayres. Si nous avions le loisir de suivre également dans leur visite les missions suédoise, marocaine, espagnole (envoyée par la municipalité de Séville), italiennes, suisses, nous noterions, de la part de toutes, les mêmes manifestations de vif intérêt, le même élan pour engager leurs nationaux à une participation en masse à la grande Foire lyonnaise.

Visite de M. le Président de la République. — Mais il convient de rappeler avec quelque détail la visite dont elle fut honorée en ce mois de mars 1917, et qui doit être envisagée comme une consécration définitive de son caractère national et universel : la visite de M. le Président de la République. Elle eut lieu dans la journée du mercredi 28, c'est-à-dire vers l'apogée du mouvement d'affaires et de l'animation extérieure. On ne s'était point attendu longtemps d'avance à la recevoir, et M. Clémentel, ministre du Commerce, s'était d'abord seul annoncé. Mais le Chef de l'Etat, qui, la veille, saluait dans Noyon reconquis l'effort libérateur de nos armes, avait sans doute eu l'idée, souverainement flatteuse pour Lyon, d'associer immédiatement à cet hommage celui que méritait l'autre genre d'offensive, reprise au même instant contre la citadelle commerciale allemande, contre Leipzig et sa Foire.

Aussi, bien que sur le désir formel de M. Poincaré la réception fût dépourvue, en raison de la gravité de l'époque, de tout appareil de fête et de solennité, la population lyonnaise éprouva une joie reconnaissante et fut d'autant plus émue de sympathie que le cortège était plus simple, et la personne même du Président plus visible et comme plus familière.

A la gare des Brotteaux, le matin, M. le Préfet du Rhône, M. le Maire de Lyon et M. le Gouverneur militaire reçurent seuls le Chef de l'Etat qu'accompagnaient MM. les ministres Clémentel et Justin Godart, sous-secrétaire d'Etat du service de Santé. Les automobiles ayant amené directement le groupe officiel de la gare à la place Morand, la visite de la Foire commença aussitôt par ce point, et se prolongea durant trois heures : promenade à pied, rapide, le long de la file des stands, et marquée par de plus ou moins longs arrêts dans un grand nombre d'entre eux.

Nous ne pouvons, en suivant ce parcours, indiquer toutes les haltes et donner, à chacune d'elles, l'énumération de ce qui attira spécialement l'attention du cortège. Cela deviendrait un commentaire détaillé du catalogue, et un volume entier n'y suffirait pas. Nous nous contenterons de quelques remarques au sujet de certains groupes visités.

La Soierie. — Par une coïncidence heureuse, le premier devant lequel devait passer le Président de la République était celui de l'industrie lyonnaise par excellence, le groupe de la Soierie, installé sur la place Morand et le quai des Brotteaux. Beaucoup mieux que dans une exposition proprement dite, on pouvait voir en peu de temps toutes les variétés de la production : soies en fils et en pièces, schappes, dentelles, tresses et lacets, dorure et passementerie, rubans, tulles et velours. Naturellement, l'on dut admirer avant tout les tissus de luxe, destinés aux robes et tentures, pour lesquels l'Allemagne n'avait pu encore créer avant la guerre la concurrence redoutable qu'elle préparait. Mais on ne s'intéressa pas moins aux efforts tentés dans la fabrication de certains produits dont les Allemands avaient beaucoup répandu l'usage ces dernières années, et pour lesquels on organise à présent la lutte : passementerie de lacets, tissus spéciaux pour ganterie et corsets, tréfilerie fine d'or et d'argent pour galons, franges et broderies d'ameublement, d'ornements d'églises ou d'équipements militaires, etc.

La soierie de Lyon et de la région a sû, malgré toutes les entraves provenant de la guerre, réaliser un chiffre étonnant d'exportations, qui serait beaucoup plus considérable encore si les envois en Angleterre n'étaient pas gênés par certaines restrictions récemment édictées ; M. le Ministre du Commerce, sollicité d'agir pour obtenir le relâchement de ces mesures prohibitives, promit de s'y consacrer. Au surplus, c'est là une entrave momentanée, due à certaines nécessités que la guerre crée pour la Grande-Bretagne, mais qui n'implique aucun mauvais vouloir de la part de notre alliée. Son régime douanier subira certainement après la guerre des modifications profondes dont nous ne pourrons que bénéficier. En attendant, si des difficultés s'élèvent, en cet ordre de choses comme en d'autres, pour cette industrie comme pour d'autres, la Foire permet de mieux les évaluer et de mieux trouver les moyens de les résoudre. Elle est un appel et un encouragement à s'ingénier, à inventer, à diversifier sans cesse les produits et à leur trouver des placements nouveaux.

Pelleteries et fourrures. — L'exposition des pelleteries et fourrures ne manqua pas de captiver l'intérêt parmi toutes celles du quai Saint-Clair, si remarquable que fût chacune. Il a été parlé plus haut de l'ambition très justifiée, conçue dès les débuts de l'entreprise, de faire concurrence sur cet article au marché de Leipzig, qui en était en quelque sorte le détenteur exclusif. Or, les objections soulevées contre les espoirs de réussite ont été renversées par les faits eux-mêmes, par l'empressement des acheteurs, par la remarquable communauté d'efforts des Chambres syndicales de Paris et de Lyon, auxquelles s'est joint le groupement récent qui s'intitule l'*Union des Pelletiers français* (1). Ces organisations se sont efforcées de faire prospérer toutes les entreprises tendant à l'affranchissement de la tutelle de Leipzig. Les grands établissements de crédit ont consenti aux négociants des facilités qu'elles leur refusaient auparavant, et qui ont permis à beaucoup d'entre eux de s'alimenter de pelleteries brutes aux sources mêmes : Russie et Amérique. Des progrès considérables ont été faits, d'autre part, en ce qui concerne la teinture et l'apprêt. Par exemple, l'astrakan, toujours si recherché, et qui, avant la guerre, se teignait presque uniquement à Leipzig, se prépare actuellement en France. Pour l'apprêt, où — Leipzig avait l'incontestable maîtrise, puisqu'il comptait plus de soixante-dix usines, pourvues de tous les perfectionnements en fait d'outillage, ainsi que de la main-d'œuvre

(1) Lire dans le *Bulletin de la Foire* (septembre 1916), l'article de M. M. Kohn, secrétaire de la Chambre syndicale des Fourreurs et Pelletiers de la Région lyonnaise.

Le Stand de la grosse Métallurgie, quai de la Tête-d'Or (1917).
(Cl. du Service photographique de l'Armée.)

la plus nombreuse et la plus expérimentée, au point que tout pelletier qui s'y adressait était sûr de recevoir en toute saison sa marchandise dans le plus bref délai, — la France, qui n'avait que quelques usines trop petites pour lutter, va bientôt en créer de beaucoup plus considérables, grâce aux groupements désignés ci-dessus, qui n'y ont point épargné leurs capitaux et le concours de leur expérience. « Ils ont en outre organisé des écoles d'apprentissage où sont admis ceux des mutilés de la guerre que leurs infirmités n'empêchent pas de s'assimiler le métier d'apprêteur, intéressant et surtout lucratif : un bon ouvrier pouvant aisément arriver à un salaire de 12 francs et plus par journée de travail (1). »

Métallurgie. — On arriva bientôt à l'entrée du Parc de la Tête-d'Or, où commençait l'immense rangée des stands de la métallurgie, de l'électricité et des constructions mécaniques. Au pavillon spécial et spacieux construit pour le Creusot près du monument des Combattants de 1870, et qui venait en tête de tout le groupe, se fit la présentation des membres du Conseil municipal, du Comité de la Foire, du Corps consulaire et des personnalités présentes. Puis on examina dans le pavillon même, et dans les stands suivants, avec une patriotique admiration, tout ce que

(1) Article cité.

ces lourdes pièces d'acier, ces engins de manœuvres précises, ces échantillons de métal au grain éclatant et serré, exposés par le Creusot, Saint-Chamond, Commentry, Givors, Ugine, etc., représentaient de génie inventif et de travail mis au service de la défense nationale. Mais on se redisait aussi ce qui avait été éloquemment exposé quelques jours auparavant au Congrès corporatif de la Métallurgie, dont nous dirons plus loin quelques mots, combien nous aurions à multiplier les efforts, la guerre une fois terminée à notre avantage, pour n'avoir pas à redouter une reprise d'invasion des produits métallurgiques de l'Allemagne ; avec quelle activité il faudrait remettre en valeur nos bassins houillers et métallifères restitués, mais dévastés, pour hâter notre prise de possession des marchés ; avec quelle perspicacité enfin il faudrait étudier l'organisation de notre politique industrielle et commerciale pour assurer méthodiquement la continuité de cette victoire économique. La Foire de Lyon ne sera-t-elle pas un des moyens d'action à favoriser le plus ? Et l'idée qui l'avait fait naître n'apparaissait-elle pas mieux que jamais comme éminemment prévoyante et salutaire ?

Et, en jetant un coup d'œil sur ces petits bâtiments en béton longeant la grille du parc, différant des baraques ordinaires par leurs murs plus fermes et leur assise plus stable, et qui n'existaient point l'année précédente, on songeait à la nécessité probable et prochaine de construire plus solide et plus permanent encore, de loger la Foire entière dans un édifice unique, immense, mais facile à parcourir en un temps relativement court ; présentant, par son aménagement rationnel, comme un organisme vivant, extensible s'il le fallait, tout en conservant l'unité esthétique ; on songeait, en un mot, à un futur *Palais de la Foire*. Nous dirons bientôt comment fut constitué le projet, et comment il est en train de se réaliser.

En attendant, on avait pu, beaucoup plus aisément que l'année précédente, grâce à l'installation des stands en ciment, faire figurer à la Foire d'échantillons des spécimens de matériel lourd et volumineux, à côté du petit outillage et des petits appareils qui ne pouvaient suffire à représenter la production des industries métallurgiques, électriques et mécaniques.

Electricité. — En ce qui concerne l'électricité notamment, les efforts réalisés par la France dans cette voie si importante du progrès moderne se trouvèrent mis en vue de façon bien plus saillante. N'est-ce pas là que l'invasion commerciale et industrielle allemande apparaissait partout flagrante aux yeux du public ? N'avions-nous pas vu de toutes parts s'établir des représentants de telle grosse firme de Berlin qui s'intitulait du nom fallacieux de *Société française*, suivi des simples initiales de son nom allemand véritable, et ces représentants déterminer nos industriels, même des plus puissants et des mieux avertis, à se pourvoir ainsi de l'autre côté du Rhin, grâce à des conditions exceptionnelles de bon marché et de rapidité pour la fourniture et l'installation ? C'est que les constructeurs allemands pouvaient, grâce à la clause de la nation la plus favorisée inscrite dans le traité de Francfort, profiter des tarifs de faveur consentis à la Suisse, tarifs si bas qu'il coûtait souvent moins cher d'introduire par là une machine finie que de payer les droits sur les différentes matières entrant dans sa composition. Mais, outre le gros matériel pour des installations considérables, il n'était pas d'appareil d'usage courant, pour les grandes ou petites industries (lampes, fils, isolateurs, accumulateurs, instruments de mesure, etc.), que l'Allemagne n'eût réussi, par toutes sortes de moyens, à faire adopter chez nous, de préférence à notre fabrication, le plus souvent de qualité bien supérieure, même quand elle était de prix égal.

Certes, on avait tenté de réagir avant la guerre, et déjà avec quelque succès (1). Pour le matériel de traction notamment, la France était arrivée à se suffire à elle-même ; pour le reste, si l'on ne pouvait se flatter d'une diminution sensible du chiffre des importations

(1) On peut se reporter à cet égard au très intéressant article du *Journal de la Foire* du mardi 20 mars 1917, *l'Industrie française électrique*, dont l'auteur est M. Legouez, membre de la Chambre de Commerce de Paris, administrateur des Ateliers de Constructions Electriques du Nord et de l'Est.

allemandes, il y avait, dès 1913, état stationnaire. Or il importera désormais, non seulement d'être entièrement débarrassé des produits d'outre-Rhin, mais de les remplacer à l'étranger par les nôtres. C'est ici que la Foire de Lyon doit jouer un rôle de premier ordre, qu'elle a déjà inauguré, ainsi qu'en témoignaient l'an dernier les échantillons exposés par les établissements électriques de toutes catégories, depuis la Compagnie générale de Nancy, la Compagnie de distribution de force et lumière, la Société Westinghouse, les maisons Bonnier, Julien et Prat, de Lyon, etc., représentant les grandes machines et les grandes forces, jusqu'aux fabricants spécialisés dans la construction des appareils pour la petite industrie et les usages domestiques, ou dans une production particulière, lampes, piles, etc., où l'effort de suprématie est tout aussi ardu et méritoire.

Les hostilités finies, tous ces efforts ne manqueront pas de bénéficier de l'outillage moderne et perfectionné qui a été installé dans de si nombreuses usines pour la fabrication du matériel de guerre. Nos fabricants ont en outre appris à connaître mieux qu'auparavant les avantages énormes qui résultent du travail en série d'un très grand nombre de pièces identiques, soit comme organes partiels, soit comme machines entières, et ils ont déjà mis ce système en pratique. Donc, tout porte à croire que, les droits de douane étant redevenus rationnels et délivrés de sujétions, la production française augmentera dans de fortes proportions, le prix de revient s'abaissera, et les exportations se verront accrues dans une mesure considérable, qu'enregistrera et multipliera la Foire de Lyon.

Industries chimiques. — Quand le cortège présidentiel, le 28 mars 1917, eut examiné cette section métallurgique et mécanique qui, ainsi que nous venons de le voir, offrait un intérêt primordial, il franchit le pont de la Boucle et parcourut entre celui-ci et le pont Morand, une longue rangée de 1.500 mètres où étaient exposés d'abord les échantillons des diverses industries du bâtiment et de tout ce qui s'y rattache, comme l'éclairage et le chauffage, puis les échantillons de l'industrie chimique, pour laquelle, au moins autant que pour l'électricité, nous avons été trop longtemps tributaires de l'Allemagne. En ce qui concerne le problème du relèvement de l'industrie chimique en France, nous ne pouvons que renvoyer à la magistrale étude publiée par M. le sénateur Cazeneuve dans plusieurs numéros successifs du *Bulletin de la Foire* (juillet à octobre 1916). Il y considère l'organisation industrielle de nos ennemis et démontre ainsi la nécessité de réaliser chez nous, au lendemain de la guerre, des entreprises analogues. Comment les créations chimiques d'ampleur considérable que nous avons faites au cours de cette guerre pourraient-elles être chez nous « le point de départ de la fabrication des matières colorantes, des médicaments chimiques si nombreux aujourd'hui, des parfums artificiels synthétiques, etc. », c'est ce que M. Cazeneuve se propose d'indiquer bientôt, et nous ne saurions anticiper sur des conseils qui ne peuvent être bien formulés que par une personnalité hautement compétente comme la sienne. En attendant, qu'il nous soit permis de reproduire le tableau qu'il trace à grandes lignes, avant d'en aborder le détail, d'une usine électrique allemande.

« Des centaines d'ingénieurs, d'employés techniques, dessinateurs, électriciens, etc., ont installé des laboratoires de recherches, et à côté, des laboratoires semi-industriels pour mettre au point les essais et préparer la production en grand. Les usines de cette production sont élevées, immenses, à la suite, avec tout l'outillage nécessaire, tous les appareils les plus modernes. Des centaines de chimistes travaillent, chacun dans un sillon tracé d'avance. C'est l'ultime spécialisation, pour atteindre le maximum des rendements et le minimum de prix de revient pour chaque produit. Enfin des milliers d'ouvriers assurent la production colossale. Disciplinés, bien traités d'ailleurs, ils travaillent dans un milieu propre et salubre, bien éclairé, bien ventilé. Accidents du travail, accidents professionnels sont parés grâce aux moyens de protection les plus prévoyants. »

Personnel technique, outillage et matériel, locaux, main-d'œuvre, ces divers points sont examinés consécutivement, et avec une documentation de premier ordre.

Les colonies françaises. — Des échantillons de l'industrie chimique l'on arriva aux stands de la Serbie, du Japon, dont on admira l'effort de participation à notre Foire, — et enfin à ceux de nos colonies, réunis place Tolozan, le long du quai et sur la place même. On s'y arrêta longuement.

Le Maroc, à lui seul, occupait sept stands ; l'Algérie sept également ; la Tunisie quatre. Au lieu de deux boutiques qui avaient abrité en 1916 la participation de l'Office colonial (1) et des quatre gouvernements généraux de l'Indo-Chine, de l'Afrique occidentale, de l'Afrique équatoriale et de Madagascar, la participation coloniale occupait cette fois dix stands simples et un emplacement de 8 m. × 4 m. sur lequel était édifié le pavillon central de l'Afrique équatoriale française, construit en bois du Gabon.

On ne pouvait donner une meilleure idée de la production de ce dernier pays qu'en présentant de façon si apparente un spécimen ; l'intérieur du pavillon confirmait l'impression immédiate, car on y voyait des

(1) L'Office colonial avait affecté un stand au service des *publications* et des *renseignements*. Une brochure d'une centaine de pages, éditée sous le titre « *Les colonies françaises à la Foire de Lyon* », agrémentée de nombreuses photographies, y était distribuée. Elle donnait tous les détails voulus sur le commerce de nos colonies.

La visite de M. le Pésident de la République.
Cortège officiel devant les Stands et sur le pont de la Boucle.
(*Cl. Jo et Bé.*)

meubles artistiques confectionnés avec les essences forestières de la colonie, et d'autres objets de bois tourné. Palmistes, caoutchoucs, gommes, raphias, ivoires, etc., formaient une série très complète d'échantillons de ce que peut fournir cette Afrique équatoriale. Madagascar, à côté, montrait, avec des produits de même genre, ses graphites, ses plantes textiles, ses grains.

L'exposition du Maroc, réunissant un échantillonnage complet de produits agricoles, industriels et artistiques (grains, gommes, essences et parfums, cires, laines, chanvre, sparterie variée, meubles, coffrets, poteries, tapis et broderies), satisfaisait l'intérêt pratique autant que la curiosité. Les affaires entre producteurs du pays et commerçants de la métropole ou de l'étranger y apparaissaient en pleine activité.

L'Algérie, la Tunisie accusaient les mêmes résultats, avec leurs produits forestiers, leurs céréales, leurs vins, leurs alcools et leurs huiles, sans parler de leurs tissus et de leurs dentelles. On ne saurait trop insister sur l'intérêt que présente le rendement, à notre profit et à celui de l'indigène, de ces riches territoires, champ immense dont l'exploitation n'est, on peut le dire, qu'à ses débuts (1).

(1) Il faut reconnaître ici l'efficace impulsion donnée par M. Birot, président de l'Association coloniale lyonnaise de l'Afrique du Nord. L'Afrique du Nord a déjà dû et devra de plus en plus à Lyon, ainsi que la plupart de nos colonies, sa prospérité grandissante. Ce mouve-

Beaux-Arts et industries d'Art. — Rien n'incite mieux à s'engager plus avant dans une heureuse voie, comme de mesurer le chemin parcouru d'une étape à l'autre. La Foire de Lyon est instituée pour offrir à toute entreprise utile, alors même que son objet n'est pas directement commercial, l'occasion de montrer sa vitalité et ses progrès. C'est pourquoi le palais du quai de Bondy succéda, dans la visite présidentielle, aux installations coloniales de la place Tolozan. On y admira les considérables résultats obtenus depuis l'année précédente par les œuvres philanthropiques que la guerre rend de plus en plus nécessaires, par l'enseignement technique donné dans les Ecoles de blessés, et entre autre, à l'Ecole Joffre (1). Les écoles profes-

---

ment colonial lyonnais fut, — et on l'a compris tout de suite en haut lieu, — une des meilleures raisons en faveur du choix de Lyon pour siège de la grande Foire nationale.

(1) Les autres expositions de l'Ecole Joffre (jouets et reliure) se trouvaient sur le quai Gailleton, au groupe 24. On sait que l'Allemagne nous avait littéralement inondés de ses jouets de Nuremberg et d'ailleurs, et que le jouet de provenance française était devenu presque une rareté dans nos bazars. C'est à Lyon, par l'initiative de M. Herriot, que naquit l'idée d'exercer à cette fabrication les mutilés de la guerre, même privés d'un bras, idée qui a donné lieu à des prodiges. Ce sont nos glorieux mutilés qui auront relevé en France cette industrie naturellement française, car le don d'invention, et d'invention *spirituelle*, y joue autant de rôle que l'adresse et la patience. L'exemple de l'Ecole Joffre a été suivi un peu partout dans le pays. Mais c'est elle qui a conservé la prééminence. On ne pouvait que s'extasier devant les trouvailles ingénieuses et le fini des objets exposés dans son stand. Mais il serait injuste de ne pas mentionner les jouets, très originaux aussi, du centre neurologique de la 14e région, dirigé par M. le docteur Solier.

sionnelles de jeunes gens avaient exposé aussi de remarquables échantillons de ce que savent faire les futurs contremaîtres et chefs d'ateliers de nos usines. Les villes de Paris, Lyon, Nice, Limoges, Nancy, Périgueux, Saint-Etienne, etc., avaient rivalisé de zèle pour fournir la preuve palpable de l'effort national depuis si longtemps attendu dans ce sens.

Quant aux Beaux-Arts, ils avaient, et ils garderont leur place à la Foire de Lyon, parce qu'il importe de réagir contre les produits de l'art allemand, véritable négation de l'Art, par des manifestations d'art dignes de ce nom; parce que nos ennemis, ennemis nés de tout ce qui est noblement humain, avaient transformé la vente nécessaire des œuvres d'art en un immense trafic où dominait l'appel aux appétits de nouveauté bizarre et malsaine; où, sous le nom de cubisme, futurisme et autres insanités dont ils furent les inventeurs, n'en doutons pas, ils avaient dénaturé l'évolution esthétique légitime et organisé la surenchère du mauvais goût. Le marchand de tableaux est un commerçant; il faut qu'en visitant une foire où s'exposent des échantillons de toutes les marchandises du monde, il apprenne qu'en fait d'art comme en tout le reste, il y a des procédés et des produits dont le monde ne veut plus.

Ainsi l'exposition du quai de Bondy eut un succès bien mérité avec les œuvres de plus de deux cents artistes parmi lesquels un grand nombre de peintres lyonnais justement estimés. L'avenir ne manquera pas d'accroître l'importance et l'ampleur de cette manifestation à laquelle seront conviées toutes les écoles et toutes les nations respectueuses de la noble mission de l'Art.

L'art est inséparable du goût ; et le goût est si bien chose française qu'à toutes les Expositions qui se sont succédé en France dans les grandes villes de province aussi bien que dans la capitale, depuis plus d'un demi-siècle, c'est toujours la tradition de juste mesure, d'élégance naturelle, de luxe sans tapage qui a fait le ravissement des visiteurs de tous pays, et a ramené la mode dans les raisonnables limites dont il lui arrivait de s'écarter. A cet égard, on s'est félicité du concours apporté à la Foire de Lyon par les grandes maisons de couture parisiennes. Elles avaient exposé dans la salle des Réunions industrielles au Palais du Commerce, des échantillons de leurs créations nouvelles, où nos tissus de soie lyonnais avaient reçu leur destination définitive, sous forme de robes admirables de goût et de grâce. Ce concours des deux industries, de production et de façon, en plein accord, dans un domaine où précisément l'harmonie est tout, avait été aussi justement que spirituellement célébré, le jour de l'inauguration, en présence de la municipalité de Lyon et du Comité de la Foire, par le Président de la Chambre syndicale de la Couture parisienne. Ainsi doivent se prêter un mutuel appui toutes les activités,

Exposition de la Couture parisienne, au palais du Commerce (1917).
(*Cl. J. Sylvestre.*)

tous les talents du pays pour poursuivre sans relâche et assurer sa victoire économique.

L'industrie automobile. — C'est cette union féconde que put constater avec joie le Président de la République en achevant sa rapide, mais complète visite des stands, tout le long des quais du Rhône et sur le cours de Verdun. L'industrie automobile n'était pas, il est vrai, représentée comme on l'eût espéré. Mais au moment de l'ouverture de la Foire, les quelques malentendus qui avaient surgi étaient déjà aplanis, et l'on avait la certitude d'une revanche complète pour la Foire de 1918. On sait aujourd'hui que cette revanche sera magnifique. Sous l'heureuse influence de la Chambre syndicale des constructeurs d'automobiles de Paris, présidée par M. Cézanne, et de l'Automobile-Club du Rhône, dont le Président, M. Deydier, a montré un zèle et une persévérance au-dessus de tout éloge, Lyon voit s'édifier pour la Foire de 1918, sur la place Bellecour, un véritable Palais de l'automobile, contenant plus de cent stands, et où l'on verra figurer toutes sortes de spécimens de voitures, des modèles les plus nouveaux et des marques les plus réputées.

Agriculture et alimentation. — Quant aux machines agricoles, les échantillons exposés offraient une variété des plus intéressantes. Nos machines françaises soutenaient sans désavantage la comparaison avec celles des « Usines américaines réunies », et l'on sait quelle activité se déploie de l'autre côté de l'Atlantique pour le perfectionnement incessant de cet outillage. On ne saurait trop insister sur la nécessité d'efforts continus dans ce sens : l'avenir de notre agriculture y est engagé. Une des fabrications que l'on pousse avec le plus d'intensité en ce moment est celle des tracteurs automobiles pour le labourage. La Foire de 1918 nous permettra sans doute sur cet article de constater d'immenses progrès.

Il faut que d'une année à l'autre on puisse faire pour toutes les branches de l'industrie cette constatation. C'est la raison d'être de la Foire annuelle, qui doit réaliser chaque fois un accroissement général du nombre et de l'importance des affaires conclues, cela par suite de tout ce que les offres des producteurs apporteront de nouveau, en attirant de plus en plus d'acheteurs et en suscitant l'émulation.

Si de 1916 à 1917 ce progrès s'affirma partout, on peut dire qu'un des genres où il fut le plus visible fut celui de l'Alimentation ; et c'est là en vérité, que l'effort était particulièrement nécessaire, alors que les produits alimentaires industriels devaient suppléer bien plus qu'auparavant aux aliments de production directe, devenus plus rares et moins réguliers sur les marchés. On n'avait pas craint, et l'on avait eu bien raison, de fabriquer, comme cela s'était fait en Allemagne dès le début de la guerre, non pas seulement des conserves d'après des procédés nouveaux et pour des denrées non soumises jusqu'alors à des préparations, mais des aliments de substitution. On voyait autour des stands du cours de Verdun une affluence énorme de public; on se disputait les prospectus placés à l'extérieur par les exposants. La situation alimentaire étant à l'heure qu'il est autrement plus précaire que l'an dernier à pareille époque, il est à croire que l'on aura multiplié en conséquence de si utiles efforts.

Résultats généraux. — Envisageons à présent l'ensemble et voyons les résultats obtenus. Ils allèrent bien au delà de tout ce que l'on avait osé espéré, étant donné les circonstances défavorables qui avaient paru vouloir conspirer, en cette année 1917, contre la réussite : froid intense, arrêt des transports, défaut de personnel pour les installations, etc. Le chiffre global des affaires put être évalué à 170 millions en ne comptant que les ordres fermes enregistrés à la date du jour de la fermeture, et sans y faire figurer un chiffre de 42 millions de dollars, soit 240 millions de francs environ, représentant les marchés conclus sur catalogues dans les stands des Etats-Unis. En somme, si ces dernières tractations correspondaient surtout à des achats de notre part et de celle des autres nations participant à la Foire, et cela parce que le continent européen avait à s'approvisionner par l'Amérique de certains produits de première nécessité, tels que les denrées alimentaires, sans pouvoir équilibrer l'échange, c'étaient néanmoins des affaires traitées grâce à la Foire, utiles à tous, et préparatrices d'un mouvement réciproque amplifié. C'était donc au total un chiffre de 410 millions : en regard du total admiré déjà l'année précédente, on voit le progrès accompli.

Voici le détail approximatif pour quelques-unes des catégories d'industrie, d'après M. Fougère, conseiller général du Rhône, président général des groupes : (1)

Grosse métallurgie........	20.000.000
Industrie du coton........	12.000.000
Industrie chimique	8.000.000
Industrie du cuir.........	8.000.000
Industrie de la chaussure.	8.000.000
Industrie de la soie.......	5.000.000
Bonneterie, gants, cravates.	5.000.000
Alimentation solide.......	5.000.000
Pelleterie et fourrures	3.000.000
Jouets et bimbeloterie.....	3.000.000
Construction mécanique...	15.000.000
Maroquinerie	1.000.000
Mercerie..................	1.000.000
Fournitures industrielles..	1.000.000

Et il faut remarquer que bien des vendeurs, dans toutes les catégories, exposant leurs échantillons, ne

(1) *Bulletin* du mois de juin 1917.

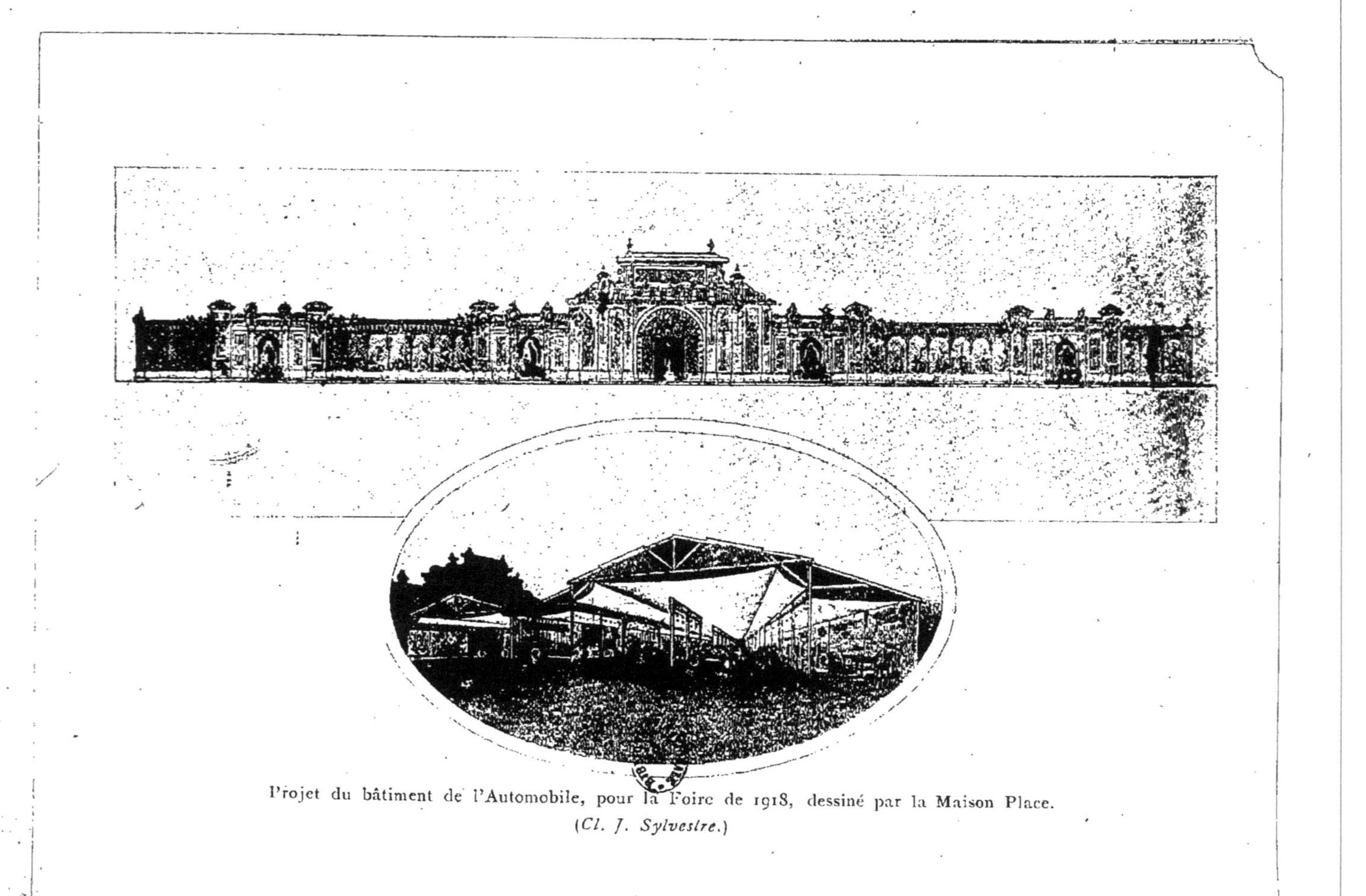

Projet du bâtiment de l'Automobile, pour la Foire de 1918, dessiné par la Maison Place.
(*Cl. J. Sylvestre.*)

pouvaient répondre à l'abondance des demandes que ceux-ci provoquaient, faute de matières premières, les nécessités de pourvoir avant tout à la Défense nationale ayant amené un peu de tous côtés une raréfaction. Enfin la guerre est cause de mesures de surveillance pour les tractations avec les pays neutres, et d'entraves obligées pour l'entrée et la sortie des marchandises. La paix amènera forcément le renversement de ces barrières, à plus forte raison de celles qui persistent même entre les alliés, par suite d'anciennes conventions.

Projets de voies de communication nouvelles. Haut-Rhône. Bordeaux-Lyon-Odessa. — Mais il n'y aura pas seulement alors un renversement de barrières entre des nations faites pour se comprendre, s'estimer, s'entr'aider de plus en plus, il y aura de l'une à l'autre, de la France vers chacune d'elles, soit directement, soit à travers les autres, des voies nouvelles ouvertes, et dont Lyon sera le point de départ, ou le point nécessaire de passage. Par exemple avec la Suisse notre voisine, entre Genève et Lyon, le chemin de fer qui supporte un si actif transit, à l'heure qu'il est, ne suffit plus pour tout ce que nous avons à échanger, pour tout ce que nous avons à détourner du courant d'affaires que l'Allemagne ambitionne tant de grossir et de précipiter entre elle-même et ce pays. Or, nous avons un chemin tout tracé pour aider la voie ferrée, et qu'il ne s'agit que d'aménager, c'est le lit du Rhône. Bien des fois on a songé à cette œuvre, bien des fois on a étudié, présenté des projets, on n'a jamais su les faire aboutir. Et cependant aucun d'eux n'était pratiquement impossible, même à l'époque où manquaient ces forces naturelles captées, ces engins mécaniques puissants, ces moyens de transport rapides qui décuplent à présent l'efficacité du travail humain. Canaliser le fleuve, en élargissant l'amont jusque vers Seyssel, en approfondissant l'aval, en créant un vaste barrage qui permettrait en outre des installations hydro-électriques capables de fournir des forces motrices énormes lancées où l'on voudrait, équivalentes à 1.500.000 tonnes de charbon par an, c'est là une entreprise actuellement à la veille de se réaliser, et que préconise, d'accord avec les hommes de l'art, avec toute la clairvoyance, toute l'énergie, toute la puissance de persuasion dont il ne cesse de donner la preuve, M. le sénateur maire de Lyon (1).

---

(1) *V. Bulletin de la Foire* du mois de décembre 1916: *La navigation du Rhône entre Genève et Lyon,* conférence faite à Genève par M. Edouard Herriot.

Tout récemment encore, le samedi 12 janvier 1918, s'est tenue à ce sujet à la Préfecture du Rhône une réunion de la Commission interdépartementale de l'aménagement du Rhône. Plusieurs représentants de la Suisse y assistaient, MM. Chauvet, Taponnier, Autran, Balmer et Fornallaz, ainsi que deux délégués du Conseil municipal de Paris, MM. Le Corbeiller et Lalou. Présidée par M. Gourju, ancien sénateur du Rhône, conseiller municipal de Lyon, qu'assistaient MM. Herriot, Rault, Coignet, et de nombreuses autres personnalités notables, la séance eut pour objet de bien délimiter d'un côté l'emploi de la force motrice à créer, dont une part sera réservée à la ville de Paris, et de

C'est qu'il s'agit de poursuivre sans repos cette lutte économique avec l'Allemagne, inaugurée par l'institution de la Foire de Lyon, et d'assurer la réelle efficacité de celle-ci. Il s'agit de répondre à l'opération qui doit sceller l'union commerciale des empires centraux, c'est-à dire au creusement décidé du canal Rhin-Main-Danube, grande voie fluviale traversant toute la Germanie de l'est à l'ouest, et destinée à faire converger et circuler toute la vie trafiquante de l'Europe en une artère immense s'allongeant de la mer du Nord à l'océan Indien. Si cette réalisation n'a pas de contre-partie, c'est l'Allemagne (même battue) regorgeant de richesses, la France (même victorieuse) vouée à l'appauvrissement. La navigation du Haut-Rhône, en reliant la région du Rhin, la Suisse entière à la Méditerranée par Lyon et Marseille, avec des conditions de transit moitié moindres que celles du réseau ferré, c'est une forte saignée pratiquée à l'artère gigantesque des empires centraux, c'est une porte de sortie permettant à la Suisse d'échapper à un asservissement économique, c'est de la vie et de l'abondance pour elle et pour nous.

---

l'autre les intérêts de la navigation du Haut-Rhône, et les besoins industriels et commerciaux des villes de Lyon et de Genève. Il fut, à la suite de plusieurs discours et d'une discussion, bien établi et résolu que les droits de chaque côté seraient respectés, et n'empiéteraient point les uns sur les autres ; que la demande de concession serait faite en participation et indivisible. Quant à la question du barrage unique à Génissiat ou des deux barrages Bellegarde-Malpertuis, elle fut de nouveau débattue, mais resta encore une fois en suspens.

Mais son *Mittelland-Kanal*, l'Allemagne prétend le renforcer par un développement parallèle de ses voies ferrées, et veut créer un nouveau chemin de fer reliant Hambourg et Berlin à Vienne, Budapesth, Sofia, Constantinople, Bagdad et le golfe Persique, organisant ainsi le transport plus coûteux, mais rapide, des marchandises pressées, à côté de la circulation plus lente des énormes et réguliers tonnages (2.000 kilomètres de voies nouvelles, et la distance totale de 5.600 kilomètres d'un bout à l'autre devant être franchie en huit jours par des trains de marchandises de 600 tonnes utiles). Là encore c'est la main mise de plus en plus sur la Turquie, c'est le commerce de l'Orient accaparé.

Or, le projet à opposer à celui-là, c'est celui qu'on doit à M. Paul Claudel, d'une nouvelle ligne commerciale transeuropéenne, dite du 45ᵉ parallèle, *Bordeaux-Lyon-Milan-Odessa* (1). Ce sera le seul moyen d'assurer les échanges à la fois prompts et économiques des matières premières d'Orient contre les produits manufacturés d'Occident, y compris ceux d'Amérique arrivant par leur plus court chemin, par Bordeaux.

De Lyon à Trieste, les voies existantes suffisent.

(1) Il faut lire en entier, sur ce sujet, l'article très documenté et très net de M. Chalumeau, ingénieur en chef de la Ville de Lyon, dans le *Bulletin de la Foire* d'octobre 1917, — article qu'avait précédé, près d'un an auparavant, un substantiel rapport de M. A. Gourju, ancien sénateur du Rhône, au Conseil municipal de Lyon. (Janvier 1917).

De Trieste à Agram, Belgrade, Orsova, Bucarest, des tronçons seront à construire ou à modifier. Mais il est indispensable d'établir une nouvelle ligne Lyon-Bordeaux, d'un tracé moins accidenté que le parcours actuel. Plusieurs sont envisagés, mais quel que soit celui qu'on adopte, l'amélioration et le raccourcissement seront notables. L'essentiel était de faire adopter le principe du projet. Ce fut encore une des réalisations accomplies par le maire de Lyon, pendant son court passage au ministère des Travaux publics. Lyon en bénéficiera nécessairement par l'accroissement de son transit et l'attraction amplifiée de sa Foire. Mais c'est la France entière qui, en fin de compte, s'en enrichira.

Les Congrès corporatifs de la Foire. — C'est là le problème à la solution duquel notre ville s'attache, infiniment plus qu'à la recherche de sa prospérité particulière, totalement subordonnée au bien général. Aussi bien le rendez-vous de la Foire déjà n'est plus seulement une réunion d'industriels et de commerçants venus pour faire chacun au mieux et le plus largement possible ses affaires, c'est une sorte de Congrès où se rassemblent de tous côtés les hommes de la plus haute compétence dans les questions économiques, et où celles-ci se discutent en vue des mesures à prendre dès la fin de la guerre, dès demain, dès aujourd'hui même, autant pour la production et le trafic considérés d'ensemble, que pour l'intérêt de chaque corporation prise à part. Des cahiers de revendications et de réformes se présentent, des programmes s'élaborent, et aussitôt on se met à l'œuvre pour les exécuter.

Ne craignons pas d'attribuer aux hommes d'action qui composent le Comité de la Foire le haut mérite de cette formation des congrès corporatifs. Par eux, et sur la proposition de l'un d'eux, M. Birot, président de l'Association coloniale de l'Afrique française, s'établit une Commission, dont M. Fougère, si connu pour son infatigable énergie, fut élu président. Elle mit immédiatement à l'étude, peu avant l'ouverture de la dernière Foire, un questionnaire détaillé portant sur cinq grandes questions économiques, et qui fut adressé à tous les Syndicats, Chambres syndicales, Groupements et Unions de France, de façon à provoquer la rencontre des capacités professionnelles et à assurer une méthode dans les études en commun.

Trois grands Congrès furent ainsi mis sur pied : deux proprement corporatifs, le *Congrès des Mines et de la Métallurgie* et le *Congrès de l'Agriculture* ; en troisième lieu, un *Congrès général* réunissant toutes les industries représentées à la Foire.

Un rapport détaillé, dont une première partie a été insérée déjà dans le *Bulletin de la Foire* de septembre 1917, vient de paraître sur ces différents Congrès. Rédigé par M. Rigollet, membre du Comité, il met remarquablement en lumière le travail effectué dans ces séances où furent entendues les voix les plus autorisées en chaque matière, et prises les résolutions les plus judicieuses.

Congrès de la Métallurgie et des Mines. — Le Congrès des industries métallurgiques et minières se tint dans l'après-midi du dimanche 25 mars 1917, au palais du Conservatoire, quai de Bondy, sous la présidence de M. Herriot, assisté de M. Théodore Laurent, directeur général des Aciéries de la Marine et d'Homécourt, et de toutes les personnalités marquantes, soit dans l'administration du Département du Rhône, de la Ville de Lyon et de ses Assemblées officielles, ainsi que de la Foire, soit dans les industries dont il était question. Une conférence du plus haut intérêt fut faite par M. Robert Pinot, secrétaire général du Comité des Forges de France. Le public, composé en grande partie d'ingénieurs et d'hommes intéressés aux questions traitées, était considérable.

Avec autant de fierté à l'égard des efforts de l'industrie minérale française dans les années précédant immédiatement la guerre, que de résolution et de confiance à l'égard de sa prospérité dans l'avenir, M. Pinot, après avoir établi que, de 1904 à 1914, la production de la fonte en France avait doublé, passant de deux millions et demi à cinq millions de tonnes, fit d'abord valoir de quelles miraculeuses ressources d'énergie la France avait fait preuve, dès la fin de 1914, en faisant sortir de terre et passer par ses usines, de nombre alors si réduit, des matériaux en quantité suffisante pour remédier à tout ce qui nous manquait par suite de l'occupation par l'ennemi de nos plus riches provinces industrielles. Puis il examina la situation qui résulterait bientôt du retour de l'Alsace-Lorraine à la mère-patrie par l'accroissement de la production métallurgique relativement à l'extraction houillère, insista sur la réforme à opérer au plus tôt en matière de concessions de mines, sur la nécessité de développer nos exportations, soit de minerai, soit de fonte et d'acier, et par conséquent nos moyens de transports ; sur l'intensité beaucoup plus grande à donner à la construction mécanique et aux travaux publics chez nous-mêmes ; enfin, sur le placement des produits demeurés en excès, même après l'exportation portée au maximum.

Les vœux adoptés à la suite de l'approbation chaleureuse que reçut cette conférence traduisirent la résolution unanime de nos industriels de se libérer de toute sujétion onéreuse en fait d'importation de houille, et d'acquérir à cet égard des conditions satisfaisantes, — de supprimer les entraves aux concessions minières, — d'amoindrir la consommation de la houille par le développement des forces hydrauliques, — de ne concéder les adjudications publiques qu'aux maisons et Sociétés françaises, — et enfin d'obtenir de nos amis à l'Etranger, et notamment de l'Angleterre, un traitement

Perspective intérieure des Stands du Creusot (1917). — Pièces de machines.
(*Cl. Schneider et Cie.*)

de faveur pour nos produits métallurgiques, identique à celui que la métallurgie allemande y rencontrait avant la guerre.

L'importance de ces vœux fut expressément soulignée par un discours éloquent de M. Herriot, qui insista tant sur l'obligation patriotique de rechercher le charbon en France, et de le mettre en exploitation aussitôt reconnu (car le charbon est l'outil, le support essentiel de notre expansion métallurgique) — que sur l'utilisation de l'énergie hydraulique, pourvu qu'en ce qui concerne celle que le Rhône, en particulier, tient en réserve, on n'oublie pas le problème capital de la navigation entre Genève et Lyon, problème d'où dépend tout un côté essentiel de notre avenir économique.

Congrès de l'Agriculture. — Moins retentissant peut-être dans sa manifestation publique, mais non moins utile dans ses effets, fut le Congrès de l'Agriculture, qui s'ouvrit le lendemain 26 mars, également au quai de Bondy, sous la présidence de M. de Fontgalland, président de l'Union du Sud-Est des Syndicats agricoles, membre de l'Académie d'Agriculture. Cent cinquante délégués des divers syndicats et comités, sociétés, écoles, de toutes les régions de la France, mais particulièrement du Sud-Est, y assistaient. On y lut, le matin, un rapport remarquable de M. le député Plissonnier sur les machines agricoles, un autre non moins judicieux et pratique de M. de Poncins, directeur de la corporation du Sud-Est, sur le commerce des blés ; l'après-midi, ce furent MM. de Marcillac, président de l'Union des syndicats de Dordogne, qui parla des marques de spécialités agricoles ; Gavoty, président des syndicats de Provence, qui traita de l'exportation des légumes, fruits et primeurs, et Ricard, administrateur du syndicat agricole vauclusien, qui exposa la question des transports.

M. Plissonnier, aux yeux de qui nos importations de matériel agricole étaient déjà beaucoup trop considérables avant la guerre, par rapport à notre production nationale (50.000 tonnes représentant 60 millions de francs, dont 80 % d'origine américaine) — attira l'attention du Congrès sur la nécessité plus grande encore à présent d'activer la fabrication française, notre besoin de machines s'étant accru d'autant que la guerre décimait plus cruellement notre population agricole. Tout en approuvant fort la commande de 400 tracteurs faite dernièrement à l'Amérique sur l'avis du ministère de l'Agriculture, il constatait que les difficultés des transports n'avaient permis d'en recevoir jusqu'alors qu'une centaine, et qu'il eût été sage de susciter l'émulation de nos constructeurs français par des commandes, en leur donnant les moyens matériels de construire. Ces moyens consisteraient selon lui, — et les vœux du Congrès se conformèrent à ses indications — à diriger sur la fabrication de l'outillage agricole le plus possible des capitaux français, et pour cela à faire connaître cette fabrication, à l'encourager par des subventions, par l'instruction professionnelle, par la création de Chambres d'Agriculture, à l'instar des Chambres de Commerce et d'Industrie, puis d'un centre permanent d'essais des machines agricoles, qui servirait à l'étude des meilleurs systèmes, ainsi qu'à l'enseignement aux élèves de ces grandes Ecoles ; à conseiller aux constructeurs de fabriquer par séries importantes et à prix raisonnables les types de machines les plus essentielles, et parallèlement à préconiser aux propriétaires la simplification des demandes en se bornant à ces types, et aux cultivateurs qui n'ont que de petits domaines l'entente collective et les traités avec des entrepreneurs : enfin à encourager l'exportation des machines agricoles, par la réduction des tarifs de transports, par l'action à l'étranger de nos agents consulaires, et l'obtention de faveurs dont, même dans les pays de protectorat, notre outillage ne jouit pas encore.

La conférence de M. le vicomte Charles de Poncins eut surtout en vue, d'une part, les moyens de remédier à la crise de la main-d'œuvre agricole par l'entente avec l'autorité militaire, et par l'emploi plus méthodique des prisonniers de guerre ; d'autre part, les inconvénients de la taxe sur les blés et le retour nécessaire, selon lui, à la pleine liberté commerciale.

Quant à M. Gavoty, ses utiles considérations sur l'avenir de la culture fruitière et maraîchère eurent pour conclusion des vœux tendant au développement des Sociétés coopératives agricoles pour la vente des fruits et primeurs, à l'étude par ces Sociétés des désirs de la clientèle, particulièrement en pays étranger par des voyages organisés, à l'entente avec les Compagnies de chemins de fer pour la création d'abris, le soin des emballages, la rapidité des transports, etc.

Les vœux sur la protection des marques collectives de produits agricoles, d'après les renseignements fournis par M. de Marcillac, furent que les producteurs, leurs Syndicats et leurs Unions jouissent désormais d'une législation leur permettant d'assurer, par une action civile, la protection et le contrôle de marques dont l'apposition constituera pour eux un droit incontesté, et une garantie de confiance de la part de la clientèle, spécialement dans les pays éloignés ; et comme l'écoulement des produits agricoles ne peut être que difficilement assuré sur ces lointains marchés par des producteurs isolés, tandis que les groupements, au contraire, peuvent appliquer les méthodes commerciales et faire les frais nécessaires pour ce but, le Congrès émit un vœu pressant pour l'encouragement, par tous les moyens, du mouvement d'association en agriculture.

En ce qui concerne la question des transports, le Congrès signala l'urgence de la coordination de nos voies fluviales avec nos voies ferrées, coordination renforcée de la création d'un réseau électrique s'utilisant au service des ports, des canaux, des chemins de fer, en même temps que de l'agriculture et de l'industrie.

Perspective intérieure des Stands du Creusot (1917). — Dynamos.
(*Cl. Schneider et Cie.*)

Tout en envisageant les avantages des grandes lignes transeuropéennes, telles que Bordeaux-Lyon-Odessa, et des lignes maritimes, on insista sur la nécessité des relations rapides transversales de région à région, trop négligées en France, au seul profit de la capitale, d'une part, et des intérêts locaux, de l'autre. La simplification des tarifs, la rapidité des transports, et la responsabilité absolue des transporteurs terminèrent la série de ces *desiderata*.

Congrès général. — C'est le jeudi 29 et le vendredi 30 mars que se tint le Congrès général de la Foire, en deux séances, dont la première, présidée par M. Lignon, fut consacrée au rapport de M. Fougère, sur l'organisation du crédit de la France après la guerre, et la seconde, présidée par M. Coignet, eut à son programme une conférence de M. Victor Cambon sur l'Enseignement technique à Lyon.

« La conservation du crédit de la France jusqu'ici, a dit M. Fougère, malgré la différence de 14 milliards entre nos exportations et nos importations, à la fin de 1916, tient à la garde d'une solide encaisse en or et à l'habile mobilisation des valeurs étrangères que renfermait notre portefeuille. La Banque de France a rendu sous ce rapport d'éminents services. Mais il viendra un moment où il lui faudra retrouver du numéraire contre ses billets, où l'Etat devra lui faire des remboursements. C'est l'exportation intensifiée de nos produits qui en fournira le moyen. Or, elle peut s'intensifier dans la mesure voulue. Pour cela on peut considérer : d'abord la richesse immense de notre sol ; ensuite la capacité d'efforts de la population, démontrée par ce qu'elle a su réaliser pour la Défense nationale ; enfin, la possibilité certaine de réorganiser efficacement notre crédit. »

Examinant comparativement les facilités bancaires apportées au commerce d'exportation en Angleterre, en Allemagne, aux Etats-Unis et en France, M. Fougère demanda qu'à l'instar du Crédit foncier pour la propriété, et du Crédit agricole pour les cultivateurs, il fût fondé chez nous trois nouvelles catégories de crédit : l'un pour le moyen et le petit commerce, la petite et la moyenne industrie ; un second, crédit industriel proprement dit, pour utiliser les capitaux en vue de la création d'industries nouvelles ou l'extension d'industries en exploitation ; et un troisième, le crédit à l'exportation.

Pour le premier, s'impose la constitution de banques populaires pouvant consentir des avances à terme ; pour le second, que les grands établissements de crédit, non contents d'être des banques de dépôt, puissent employer désormais une partie de leur capital et de leurs réserves à des affaires industrielles, et orienter leur clientèle vers des placements de ce genre ; et que l'action corporative s'exerce pour établir des organes intermédiaires de crédit sous forme de Sociétés de caution mutuelle ou de Caisses régionales facilitant les avances consenties aux industries nouvelles ou agrandies, et bénéficiant d'une dotation de l'Etat.

Pour le crédit d'exportation, qu'il soit réalisé un *consortium* de banques françaises, chargé de l'organiser, et qui établirait des succursales dans tous les pays de débouchés, avec des services de renseignements dans ces succursales; qui escompterait le papier à long terme, ferait des avances en compte courant ou sur traites documentaires, et ouvrirait des crédits par acceptation. L'Etat assurerait la coopération de nos services consulaires à la documentation commerciale des comptoirs d'exportation. Et de leur côté les commerçants et industriels devraient s'associer pour fonder dans les centres régionaux des syndicats d'exportation en vue du recrutement des agents dans les pays de débouchés, et des comptoirs d'exportation se proposant l'escompte du papier à long terme et l'organisation du voyage à frais communs (1).

(1) Quelques mois après, le 28 novembre 1917, dans une conférence faite à Paris, dans les salons du Grand-Hôtel, en présence des délégués des ministères des Finances et du Commerce, des présidents et délégués des Chambres de Commerce françaises à l'Etranger et aux Colonies, des principales Chambres de Commerce métropolitaines, des représentants de toutes les grandes Associations économiques, des directeurs des grands Etablissements de crédit, et d'un grand nombre de commerçants, M. Edouard Herriot traita ce même sujet du *Crédit bancaire* pour assurer le développement de notre commerce extérieur. Il en fit ressortir l'absolue nécessité, sous la forme, soit d'un *consortium*, comme l'avait indiqué le Congrès de la Foire de Lyon, soit d'une

Et le Congrès, après avoir adopté ces vœux. y ajouta celui du renouvellement du privilège de la Banque de France pour une durée de trente ans, avec possibilité pour elle d'admettre des traites renouvelables, pour faciliter les affaires d'exportation et les avances industrielles.

La mise en œuvre et la coordination de nos voies terrestres, fluviales et maritimes. l'organisation de trains rapides entre la France et les pays alliés, la réalisation à bref délai de la ligne sous-marine entre la France et l'Angleterre, de la grande ligne Bordeaux-Odessa, d'une voie ferrée transsaharienne, l'amélioration des communications entre la métropole et nos possessions de l'Afrique du Nord, telles furent les

---

Banque d'Exportation constituée à part, mais appuyée sur le plus grand nombre possible de crédits locaux. Et il concluait ainsi :

« La guerre aura été à ce point de vue une bonne leçon ; on a beaucoup parlé, on a agi aussi. Demain l'avenir est à ceux-là seuls qui sauront créer, qui sauront produire, se tromper peut-être, mais se tromper pour que celui qui viendra après reprenne et continue, mais crée. Nous faisons trop d'épures, qui vont mourir dans des cartons ; il nous faut avant tout créer. Le monde de demain sera impitoyable pour les pays qui n'auront pas su centraliser, qui n'auront pas été munis d'instruments d'action. Nous demandons, pour notre commerce, pour notre industrie, ces organes essentiels.

« Il faut dire au peuple que son sort, que la vie à bon marché dépend beaucoup moins des discours que des mesures que l'on prendra pour développer son commerce et son industrie, pour organiser son crédit.

« Créons dans l'intérêt de la France une banque d'exportation sans retard ; après la guerre, il sera trop tard. »

Le vœu de tous les délégués et de toutes les personnes présentes, à l'effet de déposer un projet de loi autorisant la création d'urgence d'une Banque d'exportation, fut adopté à l'unanimité.

Perspective de l'intérieur des Stands coloniaux (1917).

(*Cl. J. Sylvestre.*)

principales questions qui occupèrent la fin de cette séance du 30 mars.

Le 31, M. Victor Cambon, l'éminent auteur du récent livre si richement documenté “ *Notre avenir* ”, entretint le Congrès de l'œuvre accomplie jusqu'ici par l'enseignement technique français, et de celle, plus vaste encore, qu'il lui faut accomplir pour soutenir son renom, ne pas se laisser distancer par l'Etranger, et donner les résultats qu'attend l'avenir économique du pays. Passant en revue, non seulement les Ecoles nationales (des Mines, Centrale, Arts et Métiers), il souhaiterait que les études y fussent plus vite et plus longtemps spécialisées, par rapport à leur durée totale, et qu'on les dotât d'emplacements plus étendus, de laboratoires mieux fournis ; que la France, en fait d'Ecoles de Chimie industrielle, n'eût pas à envier pour le nombre et pour la perfection tel Etat voisin, dix fois plus petit qu'elle ; qu'il y eût rajeunissement fréquent dans le cadre des professeurs, car la science et l'industrie se modifient incessamment, tandis que le savoir et les vues de certains maîtres restent trop souvent stationnaires ; et M. Cambon demanda que, de même qu'aux Etats-Unis, l'on pût créer aussi librement un nouveau foyer d'instruction technique qu'une nouvelle industrie. Il termina par l'expression d'un vœu concernant l'enseignement d'un métier que l'on apprend ailleurs et que chez nous l'on exerce au petit bonheur, le métier d'hôtelier. Si l'on veut attirer les étrangers, les garder longtemps, les faire revenir, il faut les bien loger, les bien traiter. C'est affaire de méthode et d'organisation rationnelles. Que l'on fonde des écoles d'hôteliers.

La réforme de notre régime douanier fut l'objet d'un exposé de M. Parigot, chef de service de la maison Lumière et Jougla. Se limitant à un certain nombre d'améliorations pratiques, et se plaçant au point de vue de la commodité du commerçant, il réclama une classification générale des marchandises par industrie, chaque fascicule étant publié séparément et à la disposition des particuliers, de façon que chacun pût se reconnaître aisément dans la série des tarifs; il souhaita des employés plus instruits, particulièrement dans la langue du pays à la frontière duquel ils sont attachés; l'unification du traitement des échantillons que transporte le commis voyageur, cela par une entente internationale, etc.; toutes choses, comme on voit, d'ordre pratique.

D'ordre pratique également furent les vœux émis en dernier lieu par le Congrès au sujet de notre action consulaire, et de sa division en deux branches, ayant leur autonomie propre, mais agissant de concert : branche diplomatique, dépendant du ministère des Affaires étrangères, pour la protection de nos nationaux; branche commerciale, dépendant du ministère du Commerce et de l'Industrie, et adressant mensuellement des rapports destinés à être communiqués aux Chambres de Commerce et aux Associations professionnelles pour les tenir informées exactement du mouvement des affaires en vue de notre pénétration commerciale dans chaque contrée. Et à cette fin, l'on fit des vœux pour un recrutement soigné des agents, leur instruction, surtout dans la langue du pays où ils résident, leur avancement sur place et enfin leur juste rétribution.

Assemblée générale de la Société financière. — Ainsi se terminèrent les Congrès de la Foire de 1917. Nous avons développé un peu longuement sans doute, ce compte rendu de leurs occupations et de leurs vœux, mais c'est qu'ils représentent, à côté du mouvement matériel de la Foire, son mouvement intellectuel en quelque sorte, sa pensée, sa volonté. De même l'Assemblée générale de la Société financière, à la date du 10 juillet 1917, représenta la vitalité de cette même Foire, sa force de croissance, son assurance de personne robuste.

Ouverte sous la présidence de M. Achille Lignon, dans la Salle des Fêtes du Conservatoire, la séance comprit le rapport du Conseil d'administration présenté par M. Victor, et le rapport du Commissaire des Comptes, suivis des résolutions adoptées par l'Assemblée (1).

(1) Voir pour le détail de ces rapports, le *Bulletin Officiel de la Foire de Lyon*, de juillet 1917.

Le total de l'*Actif* se montant à 2.682.735 fr. 80, et le *Passif* à 2.307.640 fr. 55, la différence, 375.095 fr. 25 représentait le bénéfice net de l'exercice clos au 30 avril 1917.

Le bénéfice fut ainsi réparti :

1° Amortissement intégral des dépenses faites au cours de l'exercice..................	41.447f,10
2° Amortissement sur les stands en bois..............................	306.536 »
3° Réserve légale, prélèvement statutaire de 5 %..............................	1.355 60
4° A titre de dividende aux actionnaires, intérêt à 5 % (un an pour les 600 premières actions, temps couru pour les 1.200 autres, du 18 novembre 1916 au 30 avril 1917) au total..............................	24.960 »
5° Réserve facultative pour solde...	796 55
TOTAL......	375.095 25

Tels furent, en résumé, les chiffres ressortant des deux rapports précités et ratifiés par les résolutions de l'Assemblée.

Immédiatement après cette Assemblée générale des actionnaires de la Société, se tint la réunion des notabilités de l'industrie et du commerce lyonnais, réunion provoquée par le Comité de la Foire. Etaient présents plus de 500 commerçants et industriels de Lyon et de la région, sous la présidence de M. Herriot, assisté de M. Lignon, président de la Société, de MM. Cabaud et Rivoire, vice-présidents, et Victor, administrateur délégué. M. Lignon prit d'abord la parole, pour constater la brillante réussite de la seconde Foire, qui avait réuni à peu près le triple des éléments venus à la première, avec le même rapport de croissance dans le chiffre des affaires traitées. La joie des nations amies devant cette réussite, le désappointement de nos ennemis, attesté par les mesures prises par eux pour sauver Leipzig ainsi menacé, sont choses bien faites pour nous encourager dans cette offensive économique contre Leipzig même. Les dévouements, les concours désintéressés ne manquent pas. Le concours pécuniaire ne manquera pas non plus. « Nous ouvrons aujourd'hui, dit M. Lignon, une liste de donations à la Foire de Lyon, c'est-à-dire une liste de legs immédiats à une institution de bien public..... Nos ambitions patriotiques sont très grandes, et nous voulons compter sur tous les concours, grands et petits ; depuis ceux des généreux mécènes attitrés de toutes les libéralités et de toutes les bienfaisances, qui sont une des plus belles parures morales de notre région lyonnaise, jusqu'à l'aide de ceux qui, tenus par leurs limites matérielles, savent néanmoins allier aux affaires toute la part possible de nobles sentiments. »

M. Herriot qui prit ensuite la parole, précisa en termes énergiques l'appel qui venait d'être adressé aux auditeurs, à Lyon tout entier, à tous ceux qui s'intéressent à l'œuvre. « Pour que la Foire de 1918 soit un triomphe, et il faut, dit le Maire de Lyon, qu'elle soit un triomphe, des fonds lui sont nécessaires, une souscription doit être mise en train, dépassant un demi-million. Le patriotisme des Lyonnais étant inépuisable en ressources, la souscription sera couverte. »

Ces paroles de confiance absolue dans la Ville de Lyon étaient la conclusion d'une série de considérants persuasifs : admiration pour le dévouement du Comité, de la Société, de son administrateur délégué M. Victor ; affirmation du caractère national de la Foire de Lyon, de sa raison d'être comme Foire unique ; regrets de l'erreur commise par les villes qui se sont obstinées à vouloir créer aussi leur Foire (1) ; tactique des Allemands

(1) Le passage est à citer textuellement :

« ... D'abord, Messieurs, vous n'ignorez pas que nous avons rencontré cette difficulté, à laquelle on se heurte toujours en France quand on veut faire quelque chose d'un peu grand : la concurrence des villes entre elles, des régions entre elles ; combien cette idée ne nous a-t-elle pas fait de mal déjà ! C'est parce que nous ne savons pas nous entendre sur un plan national — et vous me rendrez cette justice que je le réclame toutes les fois que je puis, par la parole ou par la plume — c'est pour cela que nous n'avons pas de grand port ; nous avons beaucoup de ports, mais en réalité, nous n'en avons aucun, nous n'avons pas un port qui soit capable de faire tête à Hambourg et de recevoir les formidables bateaux qu'on construit de plus en plus... En aurons-nous demain ? J'ai bien peur que non, parce que toujours les intérêts locaux, régionaux, le particularisme, l'intérêt de l'un ou de l'autre, tant cela fait obstacle à l'intérêt national, qu'on ne sait pas assez découvrir et imposer.

« Eh bien ! pour la Foire il en a été de même. J'ai signalé pour ma part, le danger autant que je l'ai pu ; j'ai dit : de grâce, qu'en France on ne fasse pas plusieurs foires... On n'a pas voulu nous écou-

consistant à aider par la propagande, à subventionner d'autant plus leur unique foire de Leipzig (1), qu'ils

ter ; on a pensé que c'était par amour-propre local que nous agissions ; on n'a pas voulu nous croire quand nous disions que nous défendions les intérêts de la France ; nous avions beau protester : nous avons eu l'idée, nous l'avons réalisée, ne venez pas la détruire entre nos mains, c'est à la France que nous pensons. Il n'y a rien eu à dire, — parce que, malheureusement, ces idées ne sont pas défendues avec assez de force par ceux qui doivent les défendre.

« On a laissé faire la Foire de Bordeaux, alors que nous disions : faites autre chose, soyez un grand port ; faites la ligne Bordeaux-Lyon-Odessa, faites une grande ligne de navigation vers le Sud-Atlantique, mais ne faites pas la même chose que nous ! On a fait la Foire de Bordeaux !

« Puis on a fait la Foire de Paris ! Nous avons eu beau dire : faites autre chose ! faites une manifestation annuelle des industries de luxe à laquelle nous collaborerons. Non ! on a dit : Nous voulons faire la même chose que vous !

« Alors nous avons — c'est triste à dire, — mais il faut regarder la vérité en face — nous avons à lutter d'abord contre notre propre Pays pour faire comprendre que ce n'est pas l'intérêt régional que nous défendons, mais l'intérêt de la France.

« Il est bien certain que, si on offre aux commerçants trois ou quatre Foires, ils diront : c'est toujours la même chose avec les Français ; ils s'imaginent que nous sommes très heureux d'aller faire trois ou quatre voyages par an en France ! Si nous voulons voyager pour voyager, nous faisons du tourisme, mais les affaires et le tourisme sont deux choses différentes.

« Eh bien ! pour parler net, si après la guerre les commerçants se trouvent en face de l'Allemagne qui leur dit : Venez à Leipzig, cinq jours ; vous y trouverez tous les produits de l'Europe centrale ; — puis de la France qui leur dit de son côté : Venez d'abord quinze jours à Paris ; venez ensuite à Bordeaux, à Lyon, à Marseille ; — les hommes d'affaires répondront : Ce n'est pas sérieux. Encore une fois le tourisme et les affaires sont deux choses différentes, nous voulons aller où nous faisons des affaires le plus vite possible.

« Voilà le premier danger, voilà notre première difficulté. »

(1) (Un million demandé au Reichstag par le député Streseman, 200.000 marks accordés, crédit annuel de 175.000 marks consenti par la ville de Leipzig, directeur général nommé aux appointements de 30.000 marks par an.)

voyaient là nôtre risquer d'être compromise par la pluralité d'entreprises similaires : — en somme, tableau des difficultés de tout genre que devait surmonter la Foire de Lyon pour rester digne de ses débuts.

L'effet de ces considérations n'était pas douteux. Après une discussion, toute pénétrée d'une ardente sympathie pour l'œuvre, et où l'on envisagea les moyens les plus propres à réaliser la souscription, le principe de celle-ci, pure et simple, fixée à *un million*, fut adopté à l'unanimité. Une partie notable en était acquise déjà.

La Foire de Lyon devant l'opinion allemande. — L'intérêt, au cours de cette discussion, avait été tout spécialement avivé par ces quelques lignes d'un journal allemand (1) lues par M. Herriot :

« La Foire de Leipzig est menacée par le projet franco-britannique de fonder une Foire à Lyon. Les milieux compétents à Leipzig sont loin de considérer cette menace avec mépris. L'on est d'avis en général que, au moyen d'un travail de réclame bien dirigé et bien compris, l'on pourra tenir tête aux rivaux de l'autre côté des Vosges. »

L'article datait de la fin de 1915. Il est inutile de faire ressortir par là combien Lyon avait vu juste en créant cet antagonisme économique, puisque tout

(1) *Der Konfectionar.*

Le salon des acheteurs sur la place Morand.

aussitôt l'inquiétude s'éveillait chez nos ennemis. Elle suggérait immédiatement des mesures pour sauvegarder Leipzig menacé, tandis qu'on cherchait, après cette première émotion qu'on n'avait pas su dissimuler, à rassurer le public, en affectant une tranquille et dédaigneuse assurance. « La déclaration du principe du Comité de Lyon, disait le *Berliner Tageblatt* en décembre 1915, n'a de valeur qu'à titre de curiosité aux yeux des hommes compétents. »

Il ne leur coûtait guère, aux hommes compétents, de se déjuger. Mais, dès lors, ce fut un mot d'ordre dans l'ensemble de la presse allemande; si bien que, la première Foire de Lyon n'étant pas encore terminée, on en commentait déjà l'échec lamentable, tantôt d'un ton sérieux, en analysant les causes, tantôt sur le mode ironique et badin. Un tract, intitulé : *Une victoire économique de l'Allemagne*, publié par la *Ligue de guerre de l'Industrie allemande*, contenait ces phrases arrogantes :

Nous ne parlerons pas ici longuement des intentions de nos adversaires, qui échouent par ce seul fait que le vainqueur contre qui est dirigée la guerre commerciale aura tout de même un petit mot à dire au moment de la paix .. On sait que l'Entente a entrepris une campagne bien préméditée contre la célèbre Foire de Leipzig. Au moment même où celle-ci se célébrait, on a annoncé une grande Foire à Lyon, après l'échec complet des deux foires tenues à Londres antérieurement. Pour la Foire de Lyon, orgueilleusement qualifiée par le maire de cette ville, M. Herriot, comme la continuation de la guerre contre l'Allemagne et considérée comme la première manifestation de la communauté commerciale entre la France et ses alliés, on a fait, durant plusieurs semaines, une propagande intense dans tous les pays neutres. Par tous les procédés de l'exagération et de la réclame d'un côté, du mensonge et de la diffamation de l'autre, on voulait écarter les visiteurs neutres de la fameuse Foire de Leipzig et les attirer à celle de Lyon. Maintenant que toutes deux sont terminées, une comparaison est possible, de laquelle il résulte d'abord ce qui suit : A la Foire de Lyon ont pris part 700 exposants dont 200 de la ville même de Lyon.

Et l'auteur de ce factum, qui ne craignait point ainsi de réduire de moitié le chiffre de nos exposants, après nous avoir, lui menteur, accusés de mensonge, selon la méthode boche classique, faisait sonner le chiffre de 2.800 participants à la Foire de Leipzig, chiffre qui, en réalité, représentait une chute grave par rapport aux années antérieures, et concluait ainsi :

L'agitation entreprise à grand luxe d'ingéniosité contre la Foire de Leipzig a donc abouti à un échec complet.

Un « brillant second », le *Journal économique des Puissances centrales*, de Vienne, venait là-dessus peser de toute sa gentillesse :

La Foire d'échantillons de Lyon constitue le premier essai de destruction de l'Allemagne au point de vue économique... On avait fondé de grandes espérances sur cette entreprise, on avait organisé une réclame à grands coups de caisse. Des lauriers furent distribués par anticipation, et les puissances de l'Entente démontrèrent à l'envi que le commerce allemand était définitivement vaincu...

Mais la réalité des choses est cruelle ; elle a la désagréable vertu de réduire à néant les fantaisies du rêve et l'utopie des politiciens... La première Foire d'échantillons qui vient de se tenir à Lyon est tombée dans l'eau. La seule chose qu'il y avait à voir à Lyon, c'était un Comité d'organisation qui s'était entendu avec les autorités municipales et quelques directeurs de grands hôtels. Ce Comité se proposait, en se donnant beaucoup de peine, de ranimer le tourisme et donner une reprise aux stations de bains de la France, de l'Ouest et du Sud-Est sur la Riviera. Les étrangers qui étaient ainsi reçus furent beaucoup plus nombreux que les étrangers qui venaient à Lyon pour conclure des marchés à la Foire. L'on vit alors partout des visages dépités. Messieurs les organisateurs se regardèrent en silence.

Ainsi l'on grimaçait une joie feinte. Un franc contentement rayonnait au contraire dès qu'on apprenait l'ouverture de la Foire de Bordeaux, le 1er septembre 1916, et l'intention de ressusciter la Foire de Paris au printemps suivant : « Bordeaux veut aussi avoir *sa Foire de Leipzig* », disait ironiquement le *Konfectionar* du 7 septembre 1916, et la *Frankfurter Zeitung* prononçait avec un confiant espoir : « Après Lyon, Paris, le Havre, voici que Bordeaux veut faire concurrence à la Foire internationale d'échantillons de Leipzig. D'ores et déjà cet éparpillement condamne les efforts français à l'insuccès ».

Et rien ne réjouit plus nos ennemis que les polémiques engagées chez nous à ce sujet. Mais quand ils s'aperçoivent que malgré ledit éparpillement, en dépit des rivalités, la Foire de Lyon poursuit son organisation avec succès pour la réouverture en 1917, qu'elle recrute un nombre progressif d'adhérents, et que d'autre part, le danger de morcellement constaté d'eux avec plaisir chez nous, menace aussi la Foire de Leipzig, par des annonces de Foires à Berlin, à Nuremberg, à Cologne, le ton commence à changer. On proclame pour Leipzig la nécessité de la lutte. On fait si bien pour démontrer aux cités concurrentes que l'intérêt général doit primer leurs ambitions particulières — (puisse cela faire réfléchir en France !) — que l'on obtient leur désistement. « Les intérêts généraux représentés par la vertu magique de la Foire de Leipzig finissent par l'emporter. » (*Deutsch Export-Revue*, 26 septembre 1916.) Et au Reichstag la discussion engagée à l'effet de donner un nouvel essor à Leipzig se concluait par ces mots : « Si nos ennemis veulent continuer la guerre sur le terrain économique après la fin des hostilités, nous devons être prêts. Le mot d'ordre doit être : Désormais, la Foire de Leipzig occupera le premier rang parmi les foires du monde. »

Mais on s'aperçoit bien que Lyon n'est pas intimidé de la prédiction, et prétend à disputer le premier rang.

Les Allemands, dit le *Stuttgarter Tageblatt* du 21 janvier 1917, ne doivent pas fermer les yeux sur l'ampleur de la réclame faite par la très active administration de la Foire d'échantillons de Lyon. La *Gazette de Francfort* affirme par exemple qu'aux Etats-Unis s'est formé un Comité qui comprend les personnalités marquantes du monde des affaires. Le Comité de la Foire de Lyon a son bureau à New-York.

Les brochures de propagande rédigées par le Comité affirment tout simplement que la Foire de Leipzig est complètement tombée. Cette assertion est propagée par les journaux.

Le chiffre des affaires conclues à la Foire de Lyon atteindrait 10 millions de livres sterling. L'on aurait refusé un chiffre de 8 millions de £ par suite de l'impossibilité de répondre à toutes les commandes. Le Comité américain de la Foire de Lyon prévoit un chiffre d'affaires de 40 millions de £ pour 1917.

C'était bien le cri d'alarme poussé, et que n'étouffait pas la restriction apportée en manière de conclusion : « Ces chiffres n'existent que dans l'imagination de ceux qui les ont écrits, cela ne laisse aucun doute. »

Au mois d'avril, après la clôture de notre Foire de 1917, on était obligé, à Berlin, de reconnaître son *succès* par l'exposé des chiffres et l'énumération des industries représentées. Mais on ne prononçait que le mot de *progrès*, en conservant celui d'*échec*. Quant à la cause invoquée pour justifier ce dernier mot, nous laissons au lecteur le soin d'en tirer son propre jugement.

La Foire de Lyon, après avoir été retardée de quinze jours, s'est ouverte le 18 mars. Le jour d'ouverture, elle donnait encore l'impression d'être inachevée. Par suite de la propagande qui avait été faite à l'intérieur et à l'Etranger, la participation a doublé. A côté des firmes françaises figuraient des firmes étrangères, des firmes suisses, italiennes, anglaises, hollandaises, espagnoles, américaines. Il y avait aussi quelques firmes portugaises, russes, suédoises, belges, mexicaines, japonaises et chinoises.

La liste officielle donne 2.700 exposants. Les industries les mieux représentées étaient l'industrie textile, la métallurgie, les cuirs, la bimbeloterie, l'automobile. Le jouet, la papeterie, l'alimentation, la céramique, avaient une bonne représentation.

L'Amérique avait exposé des machines agricoles. La librairie, la photographie et le sport étaient mieux représentés que l'an passé.

D'importantes firmes françaises se sont abstenues parce qu'elles ne veulent pas reconnaître la Foire de Lyon comme Foire française unique. Paris et Bordeaux veulent avoir leur Foire.

Quoi qu'il en soit, la Foire de Lyon 1917 marque un progrès sur la Foire 1916, mais elle ne peut faire à la Foire de Leipzig une concurrence durable. *La jalousie des autres villes françaises sera la cause de son échec.*

Ainsi s'exprimait la *Post* de Berlin, et avec elle la *Berliner Borsen Zeitung* (Gazette de la Bourse) et bien d'autres encore.

Au fond c'était l'aveu, et l'on n'en était plus aux dénégations et aux railleries du début. Mais c'est de Leipzig même, de l'organe officiel de l'Office de la Foire, le journal " *La Foire d'échantillons de Leipzig* ", que devait venir enfin la déclaration formelle des craintes sérieuses qu'inspire là-bas l'entreprise lyonnaise. Voici la traduction textuelle des appréciations formulées par ce journal, au mois de novembre dernier :

Nous ne voulons pas fermer les yeux sur ce succès de Lyon, mais convenir, au contraire, que Leipzig possède là un puissant concurrent, contre lequel il importe de mettre en action tous nos moyens de combat. Et Lyon n'est d'ailleurs sans doute pas arrivé à l'apogée de son développement.

Dans chaque branche d'affaires, Leipzig n'a pas à produire, pour une seule Foire, des chiffres inférieurs

La délégation du Comité de la Foire reçue par le Lord-Maire, et les représentants de la Cité de Londres, en novembre 1917.

à ceux de Lyon, et les chiffres annuels sont très supérieurs à ceux de la Foire française qui ne se tient qu'une fois par an. Mais, sur un point, nous avons à apprendre de la Foire de Lyon : les Français n'ont certainement pas fait fausse route en admettant à leur Foire toutes les industries sans distinction. Ils ont, non-seulement autorisé, mais même vraiment conquis, la participation de la grosse industrie, des constructeurs de machines, de l'industrie textile, de l'industrie du cuir, etc... Et l'expérience a montré que le concours de ces industries a suffi pour attirer à leurs articles un grand nombre d'intéressés. Elles se sont sans doute tout d'abord décidées à participer à la Foire pour les mêmes raisons qui font prendre part à toute exposition ne promettant aucun profit immédiat. Mais depuis que cette participation leur a procuré des commandes intéressantes, elles continueront à pratiquer cette forme d'offre, même si elles avaient jusqu'à présent autrement opéré...

L'auteur termine en engageant la Foire de Leipzig à imiter sa rivale française et à étendre le champ de son activité.

Qu'est-il besoin d'insister ? Sans en triompher bruyamment, considérons cet aveu comme une irrécusable attestation de l'efficacité des efforts accomplis déjà, mais aussi comme un stimulant à les intensifier encore. La guerre actuelle nous a suffisamment appris qu'à l'heure qu'il est le seul gain d'une bataille ne détermine pas la victoire. De plus, la guerre économique engagée ne se terminera pas comme la guerre des armes, par une victoire suivie d'un repos glorieux. Dût un jour la Foire de Leipzig — ce qui sera, n'en doutons pas, long à venir — se reconnaître distancée par celle de Lyon, ce ne serait point un motif de s'endormir sur les lauriers obtenus. Il sera nécessaire d'agir et d'agir encore. Là où commande l'éternelle loi du travail et du progrès, qui s'arrête est dépassé, est évincé qui se distrait un instant de la lutte.

La Foire de 1918. — Dieu merci, la Foire de Lyon, bien loin de marquer un mouvement de recul, ou simplement un temps d'arrêt, prend l'avance d'une allure rapide autant que large et assurée. Le marché de 1918 déjà s'annonce comme devant réunir un nombre d'adhérents supérieur à celui de l'année précédente (1), et à produire un chiffre d'affaires à l'avenant, cela en dépit des entraves si nombreuses et si étroites que la prolongation inattendue de la guerre apporte au développement des transactions, à la rapidité des transports et des échanges, à l'acquisition des matières premières pour toute industrie. Chez nos alliés, chez les neutres, la réputation, la popularité, si l'on peut

(1) Voici les chiffres connus au 15 janvier dernier :

Adhérents		2200
Stands loués	en bois	1660
	en béton	240
	dans les édifices municipaux	110

employer ce terme, de la Foire de Lyon, se sont affermies et ont grandi, le désir d'y participer s'est plus nettement encore manifesté. Ici, c'est la Suisse qui a souhaité et obtenu un arrangement économique grâce auquel nous pourrons voir exposées de plus grandes variétés d'échantillons de son horlogerie, de sa bijouterie, de ses soies à coudre, de ses tissus de coton de toute espèce. Là, c'est notre alliée, l'Italie, qui, après avoir exprimé sa satisfaction du succès de la Foire de 1917 par ses représentants officiels, MM. Maresca et Moschitti, auteurs d'un rapport empreint de chaude sympathie, a depuis lors témoigné en mainte occasion son désir d'entretenir spécialement par cette manifestation annuelle l'intime collaboration franco-italienne. Et d'autre part l'Angleterre, dont les liens avec la France sont, depuis cette guerre, indissolublement liés, faisait, au mois de novembre dernier, un accueil à la fois cordial et magnifique à une délégation lyonnaise, composée de MM. Herriot, Victor et Revol, venue pour s'entretenir de questions économiques avec les négociants de Londres, de Manchester et de Liverpool. Après de nombreuses visites d'ateliers, usines, écoles, des réceptions officielles ou intimes, la présence des délégués à un meeting national sur les buts de guerre, où parla M. Bonar Law, leur valut une ovation de la foule qui, voulant saluer en eux la constance française, applaudit avec un impressionnant enthousiasme les quelques paroles réclamées du maire de

Lyon. Hôtes et visiteurs se quittèrent en se donnant rendez-vous à la prochaine Foire.

Celle-ci ne présentera pas tout à fait le même aspect extérieur que les deux précédentes ; elle s'étendra sur des espaces moins allongés, évitant ainsi la longueur anormale du chemin qu'on avait à parcourir l'an dernier (12 kilomètres) pour suivre l'alignement total des baraques sur les quais. On avait remarqué aussi que les participants voisins des têtes de ponts ou ceux qui se trouvaient au centre de la ville étaient avantagés au détriment de ceux des travées intermédiaires ou des extrémités d'amont et d'aval. On a donc adopté le système des groupements. Trois emplacements principaux ont été choisis :

1° *Emplacement Morand-Tête-d'Or*, qui comprendra l'utilisation des voies ci-après :

Place Morand, quai de l'Est, avenue du Parc et quai de la Tête-d'Or (Dans ces deux dernières voies, édification de stands de chaque côté de la chaussée). Là se trouveront les groupes 1 à 19 :

1. Fournitures industrielles. — 2. Outillage, quincaillerie, articles de ménage. — 3. Métallurgie. — 4. Mécanique générale. — 5. Constructions industrielles. — 6. Mécanique de précision, machines à coudre. — 7. Bâtiment. — 8. Chauffage et éclairage, autre que l'électricité. — 9. Construction et appareillage électriques. — 10. Lustrerie, chauffage et sonneries (électricité). — 11. Pharmacie. — 12. Chirurgie, orthopédie, optique. — 13. Industrie chimique générale. — 14. Métiers à filer et à tisser. — 15. Dentelles et broderies. — 16. Soierie. — 17. Pelleterie et fourrures. — 18. Laine. — 19. Chanvre, coton, lin.

2° *Emplacement Verdun-Carnot.*

a) Cours de Verdun, côté Rhône, groupes de 20 à 26 :

20. Confections pour hommes et enfants. — 21. Chemiserie. — 22. Confections pour dames et fillettes. — 23. Lingerie. — 24. Bonneterie, ganterie. — 25. Corsets, mercerie. — 26. Chapellerie.

b) Cours de Verdun, centre, groupes de 27 à 29 :

27. Tourisme. — 28. Mobilier. — 29. Musique.

c) Cours de Verdun, côté Saône, groupes de 30 à 37 :

30. Chaussures. — 31. Tannerie. — 32. Maroquinerie, sellerie. — 33. Céramique, verrerie. — 34. Parfumerie, brosserie. — 35. Bimbeloterie, jouets. — 36. Petites industries. — 37. Matériel agricole.

d) Place Carnot, groupes 38 à 40 :

38. Produits alimentaires solides. — 39. Produits alimentaires liquides. — 40. — Graines, fleurs, plantes, fruits.

3° *Emplacement Bellecour.* — Groupes 41 à 49 :

41. Papier et carton. — 42. Imprimerie. — 43. Papeterie et fournitures de bureau. — 44. Photographie. — 45. Publicité. — 46. Marques de fabrique. — 47. Librairie. — 48. Produits coloniaux et d'importation. — 49. Automobiles.

Et en dehors de ces trois grands emplacements, trois locaux municipaux :

a) Immeuble municipal (rue de Sèze, 60). — Groupes 50 à 53 :

50. Bijouterie, orfèvrerie. — 51. Horlogerie. — 52. Mobilier et ornements d'églises. — 53. Peinture et sculpture.

b) Immeuble municipal (27, rue Gentil). — Groupe 54 :

Enseignement technique.

c) Palais municipal (quai de Bondy, 20). — Groupes 55 et 56 :

55. Art décoratif, art industriel. — 56. Œuvres philanthropiques.

Le futur Palais de la Foire de Lyon. — Somme toute, sans se départir le moins du monde de son triple principe : périodicité, courte durée, division en petits stands pour n'opérer que sur échantillons, la Foire de Lyon, qui tend à se concentrer à mesure que les participants, de plus en plus nombreux, nécessitent la multiplication des stands, a prévu le moment où cette concentration devra être unifiée, et non plus morcelée en quatre ou cinq quartiers éloignés les uns des autres.

De là est née l'idée d'un palais permanent de la Foire, ce qui ne veut point du tout dire foire permanente, ou de plus longue durée, ou plusieurs foires par an, mais qui signifie *institution permanente* de la Foire de Lyon, conservation de locaux toujours sains, non sujets à la détérioration, suppression de longs préparatifs d'installation avant chaque foire, et après, de démontages fastidieux et encombrants ; enfin établissement d'un cadre à la fois immense, bien délimité, commode, harmonieux et imposant, digne d'une grande entreprise nationale.

C'est au Comité de la Foire, et particulièrement à l'influence d'un de ses membres, M. Victor, administrateur délégué de la Société financière, que l'on doit, et l'idée elle-même, et le choix de l'emplacement du futur palais. Il le fallait très grand, pour répondre aux exigences du présent et surtout de l'avenir ; suffisamment rapproché du centre pour la commodité des acheteurs comme des vendeurs ; situé néanmoins de manière à ne point usurper un espace utile au développement de la ville, à ne pas former une masse isolant des quartiers les uns des autres, et entravant la circulation normale ; de manière enfin à être bien en vue, comme il convient à un monument.

L'extension de la Foire en 1917 le long du Parc de la Tête-d'Or et de la rive gauche du Rhône avait attiré l'attention sur cet emplacement, où les stands, sans apporter aucune gêne aux visiteurs, s'étaient établis de part et d'autre de la large chaussée du quai. Mais le Rhône, en temps ordinaire, ne coule pas tout à fait au pied de celui-ci. Un délaissé du fleuve entre le pont de la Boucle et celui du chemin de fer de Genève offrirait un vaste espace utilisable pour des constructions, si toutefois l'on se soumettait à l'obligation de bâtir sur pilotis. Celle-ci acceptée, comment ne pas voir qu'une superficie de huit à dix hectares (1 kilomètre de long sur 80 à 100 mètres de large en moyenne) allait permettre à l'édifice projeté de se développer librement, majestueusement, en face de la colline qui domine l'entrée du fleuve dans la ville, et à côté de ce parc délicieux vers lequel les promeneurs affluent sans cesse ? (1)

L'idée parut donc séduisante et fut proposée au concours des architectes. Deux projets furent retenus,

(1) L'emplacement susdit offre, de plus, l'immense avantage d'être à proximité de la voie du chemin de fer. Les échantillons arriveront directement à la Foire par un court embranchement, au bout duquel seront installés les bureaux de la douane.

celui de M. Guillon, directeur de la Compagnie O.T.L., et celui de M. Meysson, architecte de la Ville de Lyon : c'est ce dernier qui finalement réunit les suffrages.

Il n'était pas possible, semble-t-il, de résoudre plus élégamment que ne l'a fait M. Meysson un problème où la conciliation entre les concepts esthétiques et les exigences pratiques était, plus que pour aucun autre monument, environnée de difficultés.

Il y avait d'abord celle qui provenait de la configuration de l'emplacement, sorte de croissant, renflé dans sa partie centrale, aminci à ses deux extrémités ; puis l'obligation de maintenir le principe des stands égaux et pareils, sans faire de différence entre les industries, sauf par la réunion facultative de plusieurs stands bout à bout ; il fallait en outre que l'accès fût également facile et rapide à n'importe quel stand, qu'aucun ne parût plus favorisé qu'un autre ; que la distance à parcourir d'un bout à l'autre de la Foire fût relativement courte. Ainsi pas de pavillons indépendants, pour ne pas perdre d'espace ; pas de combinaisons architecturales particulières, sveltes ou massives, graves ou coquettes, selon le caractère des diverses industries, des diverses provenances. — Ce serait donc alors l'uniformité, la monotonie absolues, rien autre, après tout, que des baraques alignées, étagées, entassées ?

Or, voici la solution de M. Meysson. Le palais sera constitué par une grande rotonde centrale, qui servira de salle de fêtes, de conférences, dans certains cas d'expositions spéciales. A droite et à gauche s'aligneront parallèlement trente-quatre pavillons allongés (dix-sept de chaque côté), de longueurs un peu décroissantes (de 115 à 80 mètres), en allant de la rotonde aux extrémités, et perpendiculaires à la direction du Rhône. — C'est donc le système des pavillons séparés ? — Non, car ils seront reliés les uns aux autres par un corps de bâtiment étroit et continu qui les traversera tous par le milieu (1), et contiendra une haute galerie centrale, permettant de suivre la Foire d'un bout à l'autre à couvert, tandis que l'ensemble du palais sera longé aussi par deux voies, de direction parallèle à cette galerie, côté Rhône et côté parc, et sur lesquelles donneront respectivement les façades avant et arrière des pavillons. Ceux-ci auront un rez-de-chaussée et deux étages semblables, et de plus un étage mansardé. On pénétrera, à chaque étage, dans chacun d'eux, par l'allée centrale, pourvue, de distance en distance, d'escaliers et de ponts. Quatre seulement des pavillons, — aux extrémités, et au milieu de l'espace entre l'extrémité et la rotonde — auront des portes sur les voies extérieures.

Chaque pavillon présentera, sur ces voies extérieures, une facade décorative, plus particulièrement ornementée

(1) A peu près, seulement ; car pour éviter une allée courbe, on a dû faire une série de longues lignes brisées à angles très ouverts. Ces angles sont marqués par des pavillons un peu divergents de leurs voisins de droite et de gauche.

pour ceux où elle offrira des portes d'entrée. Intérieurement, ils se composeront, à chaque étage, d'un large couloir longitudinal, des deux côtés duquel seront disposés les stands, égaux en dimensions à ceux des baraques en bois actuelles (4 m. sur 4 m.). Ces stands seront séparés les uns des autres par des cloisons mobiles en bois, de façon à permettre leur réunion, exactement aussi comme dans les installations antérieures.

Voici au reste toutes les dimensions principales :

Rotonde elliptique :

Grand axe extérieur.................. 95m
— intérieur (1)............ 65m

Bâtiment d'allée centrale :

Longueur, de chaque côté de la rotonde 420m
Largeur............................. 15m

Pavillons :

Longueur moyenne, passage central compris...................... 80 à 100m
Largeur du couloir.................. 9m
Largeur totale, stands et murs compris. 20m
Hauteur du rez-de-chaussée et des deux premiers étages.................. 3m 50
Hauteur totale....................... 15m

---

(1) La grande salle intérieure sera environnée d'un couloir de pourtour, et d'une vingtaine de salles à la périphérie et le long des façades rectilignes.

L'entrée principale du palais se trouvera à l'extrémité du côté de la ville, et consistera en une cour d'honneur que limiteront trois bâtiments, occupés, l'un, du côté Rhône, par un grand restaurant dont les salles spacieuses, au rez-de-chaussée et aux deux étages, pourront recevoir un très nombreux public ; un autre en face, du côté parc, par les locaux réservés à l'administration de la Foire, avec grand hall circulaire, le tout aménagé pour produire un très bel effet décoratif. Le troisième bâtiment sera le premier des pavillons, avec entrée monumentale dans la grande galerie. Des jardins précéderont la cour d'honneur.

Grâce à l'obligeance de M. Meysson, nous pouvons offrir ici un plan général de l'édifice et la vue d'un groupe de pavillons, avec tout le détail de leurs façades, leurs cintres, leurs pilastres, leurs couronnements variés, conformément aux lois d'une symétrie très étudiée.

Nous avons aussi pu faire photographier, bien qu'encore en exécution, et en deux parties, sur les tables de l'atelier, la maquette du palais, due à l'art habile et délicat de M. Devaux, sculpteur. On aura pu la voir déjà, quand ces lignes paraîtront, exposée dans la grande salle de l'ancienne bibliothèque municipale du lycée Ampère, avec son relief achevé et toute son étendue. A côté d'elle figureront trois grandes toiles, à l'exécution desquelles Madame Devaux-Raillon a consacré son grand talent, et qui représentent la grande galerie centrale, le couloir des pavillons, et l'intérieur d'un stand. L'artiste a bien voulu nous autoriser de même à en faire prendre des photographies, bien que ces peintures ne fussent pas encore terminées, afin que nos lecteurs prissent une idée nette de toutes les parties de l'édifice. Nous l'en remercions bien sincèrement.

Le tout présentera en définitive un magnifique ensemble architectural.

Mais ce qui doit frapper surtout, si l'on envisage le plan, et si l'on réfléchit au but de l'œuvre, c'est le détail intérieur, ce sont ces innombrables subdivisions régulières (1.344 à chaque étage, en tout plus de 5.000), qui, semblables à autant de petites alvéoles, feront de ce monument comme une gigantesque ruche. Quel plus beau symbole que celui-là, si souvent évoqué, lorsqu'il s'agit de figurer l'activité productive de la civilisation, mais cette fois réalisé sous une forme authentique et visible? Oui, la Foire de Lyon est bien en effet destinée à être en France ce que représentera son palais, une grande ruche humaine, à laquelle seront conviées, pour élaborer le miel du travail pacifique, les diligentes abeilles du monde entier, — à part celles dont le venimeux aiguillon menaçait l'existence de toutes les autres, et dont les produits, en dépit de leur perfection possible et des soins qu'ils auront coûté, garderont toujours par leur origine je ne sais quoi de malsain et d'écœurant, qui en détournera les nations.

LE FUTUR PALAIS DE LA FOIRE.
La Rotonde centrale et les façades du côté du Parc.
(Maquette en cours d'exécution, par M. DEVAUX.)

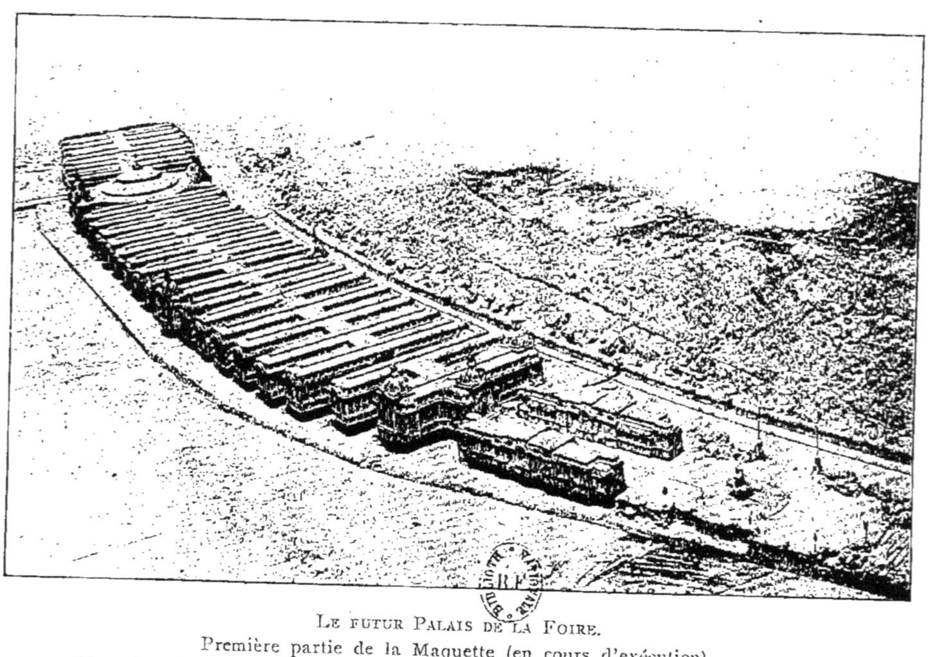

Le futur Palais de la Foire.
Première partie de la Maquette (en cours d'exécution).
L'entrée principale, et, aux deux tiers, l'alignement des pavillons, vus du Rhône.

LE FUTUR PALAIS DE LA FOIRE.
Deuxième partie de la Maquette (en cours d'exécution).
Les derniers Pavillons, vus du côté du Parc.

LE FUTUR PALAIS DE LA FOIRE.
La Galerie centrale.
(Tableau de Mme DEVAUX-RAILLON, en cours d'exécution.)

LE FUTUR PALAIS DE LA FOIRE.
Couloir d'un Pavillon, avec ses Stands de chaque côté.
(Tableau en cours d'exécution.)

Le futur Palais de la Foire.
Intérieur d'un Stand.
(Tableau en cours d'exécution.)

FUTURE FOIRE DE LYON
DE LA TETE D'OR

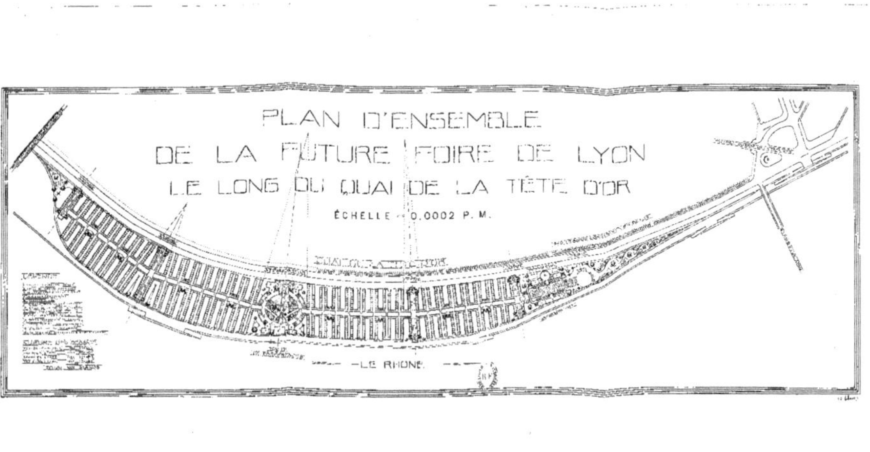
PLAN D'ENSEMBLE
DE LA FUTURE FOIRE DE LYON
LE LONG DU QUAI DE LA TÊTE D'OR
ÉCHELLE 0,0002 P. M.
LE RHONE

APPENDICE

Table méthodique du Bulletin Officiel de la Foire de Lyon.

Nous avons amplement mis à profit, dans la rédaction de ce volume, les renseignements de toute sorte fournis par le *Bulletin Officiel de la Foire de Lyon*, et le lecteur a pu remarquer combien de fois nous l'y avons renvoyé, pour qu'il y prît plus entière connaissance des questions que nous abordions. Nous croyons donc lui être utile encore en dressant une table méthodique des matières traitées dans les numéros successifs des deux premières années de cette publication (de février 1916 à décembre 1917) (1), c'est-à-dire en assemblant ces différentes matières par catégories, et en renvoyant aux livraisons et aux pages. Il pourra ainsi, sur chaque question qui l'intéresse, trouver rapidement la série des articles qui la concernent sans avoir besoin de feuilleter la collection.

Nous avons classé les sujets en douze catégories :

(1) Le premier numéro de la 1re année est de février 1916. Mais de mars à juin le *Bulletin* ne parut pas, et le numéro 2 est de juillet suivant ; à partir de ce moment, il a paru régulièrement tous les mois.

I. — But, organisation, résultats généraux de la Foire.

Comment on organise une Foire.

II. — Les finances de la Foire.

III. — La Foire de Lyon et l'Allemagne.

IV. — La Foire de Lyon et les puissances alliées ou neutres.

X. — La Foire de Lyon et l'enseignement technique.

XI. — Articles divers.

XII. — Assurances, publicité, transports, logements.

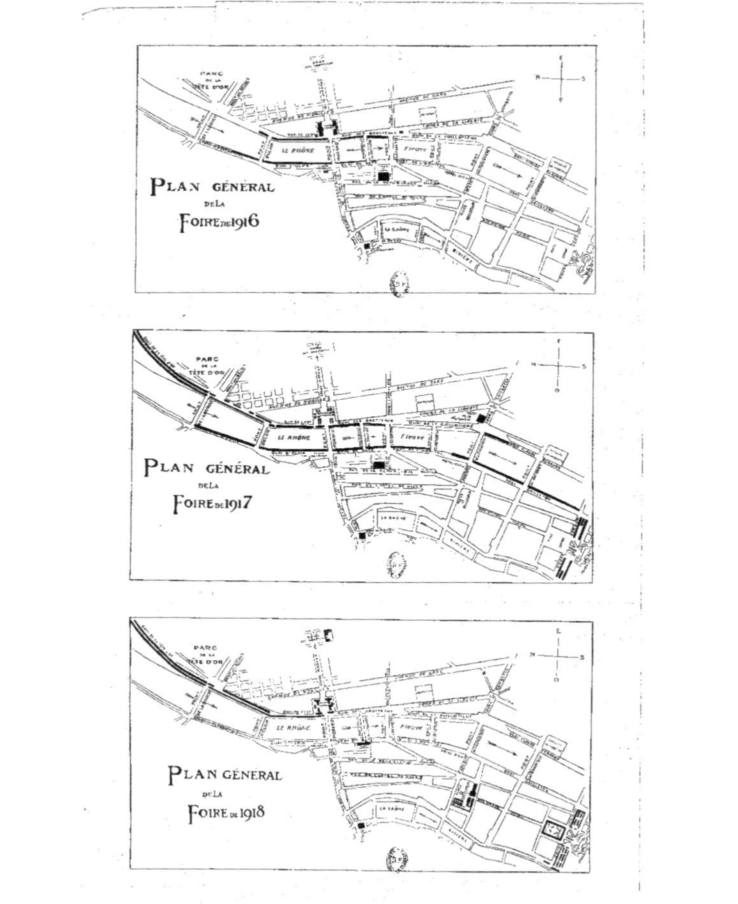
PARC DE LA TÊTE D'OR
LE RHÔNE
PLAN GÉNÉRAL DE LA FOIRE DE 1916
LA SAÔNE
PARC DE LA TÊTE D'OR
LE RHÔNE
PLAN GÉNÉRAL DE LA FOIRE DE 1917
LA SAÔNE
PARC DE LA TÊTE D'OR
LE RHÔNE
PLAN GÉNÉRAL DE LA FOIRE DE 1918
LA SAÔNE

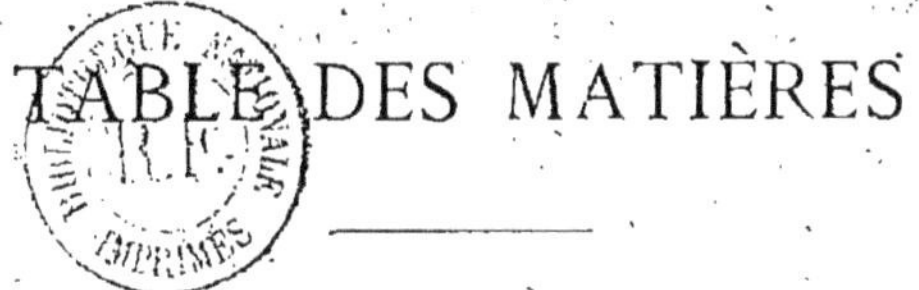

TABLE DES MATIÈRES

CHAPITRE PREMIER

DESSEIN ET CRÉATION

TABLE DES GRAVURES

Saint-Étienne, imp. Théolier, J. Thomas et Cie, rue Gérentet, 12.

www.ingramcontent.com/pod-product-compliance
Ingram Content Group UK Ltd.
Pitfield, Milton Keynes, MK11 3LW, UK
UKHW021056220726
13924UKWH00005B/2117

9 782019 919368